Illuminate Publishing

CBAC
Safon Uwch
Y Gyfraith
Llyfr 2

CANLLAW ADOLYGU

Sara Davies • Karen Phillips • Louisa Draper-Walters

CBAC Safon Uwch Y Gyfraith: Llyfr 2, Canllaw Adolygu

Addasiad Cymraeg o *WJEC/Eduqas A Level Law: Book 2 Revision Guide* a gyhoeddwyd yn 2019 gan Illuminate Publishing Ltd, P.O. Box 1160, Cheltenham, Swydd Gaerloyw GL50 9RW.

Archebion: Ewch i www.illuminatepublishing.com neu anfonwch e-bost at sales@illuminatepublishing.com

Ariennir yn Rhannol gan **Lywodraeth Cymru**
Part Funded by **Welsh Government**

Cyhoeddwyd dan nawdd Cynllun Adnoddau Addysgu a Dysgu CBAC

Data Catalogio Cyhoeddiadau y Llyfrgell Brydeinig

Mae cofnod catalog ar gyfer y llyfr hwn ar gael gan y Llyfrgell Brydeinig.

ISBN 978-1-912820-58-0

Argraffwyd gan Severn Print, Caerloyw

04.20

Polisi'r cyhoeddwr yw defnyddio papurau sy'n gynhyrchion naturiol, adnewyddadwy ac ailgylchadwy o goed a dyfwyd mewn coedwigoedd cynaliadwy. Disgwylir i'r prosesau torri coed a gweithgynhyrchu gydymffurfio â rheoliadau amgylcheddol y wlad y mae'r cynnyrch yn tarddu ohoni.

Gwnaed pob ymdrech i gysylltu â deiliaid hawlfraint y deunydd a atgynhyrchwyd yn y llyfr hwn. Os cânt eu hysbysu, bydd y cyhoeddwyr yn falch o gywiro unrhyw wallau neu hepgoriadau ar y cyfle cyntaf.

Gosodiad y llyfr Cymraeg: John Dickinson Graphic Design
Dyluniad a gosodiad gwreiddiol: Kamae Design
Dyluniad y clawr: Kamae Design
Delwedd y clawr: arosoft / Shutterstock.com

Cydnabyddiaeth
Atgynhyrchir gwybodaeth hawlfraint y Goron gyda chaniatâd Rheolwr Llyfrfa ei Mawrhydi *(HMSO)* ac Argraffydd y Frenhines yn yr Alban.

Cyflwyniad
Er cof am Dr Pauline O'Hara, a oedd yn ysbrydoliaeth i ni ac i lawer o fyfyrwyr y Gyfraith.

Mae'r Atebion i'r Gweithgareddau a'r Cwestiynau Cyflym i'w cael ar wefan Illuminate ar:
www.illuminatepublishing.com/YGyfraithCA2_Atebion

Cynnwys

Cynlluniwyd y canllaw adolygu hwn i gyd-fynd â gwerslyfr Llyfr 2, ac mae'r cynnwys yn eich helpu chi i baratoi ar gyfer eich arholiadau terfynol.

Mae'r canllaw adolygu hwn yn ymdrin â'r canlynol:

* CBAC U2 unedau 3 a 4.

Mae hefyd yn cynnwys nifer o nodweddion dysgu sy'n ymwneud â'r testunau:

Yn y fanyleb: mae hwn yn cysylltu pob testun â'r fanyleb er mwyn dod o hyd iddo'n hawdd

Cyswllt: mae hwn yn cyfeirio'n ôl at werslyfr Llyfr 1 er mwyn eich atgoffa am y testun mewn mwy o fanylder

Gwella adolygu: syniadau ac awgrymiadau er mwyn eich helpu chi i adolygu'n fwy effeithiol ac ennill marciau uwch

Lluniwch eich nodiadau adolygu o amgylch y canlynol: mae hwn yn crynhoi gwybodaeth berthnasol a dylech chi sicrhau eich bod yn gwybod hyn ymhob testun

Gweithgaredd: gweithgareddau amrywiol i gymhwyso eich gwybodaeth a datblygu eich dealltwriaeth

Cwestiynau cyflym: ar ddiwedd pob testun er mwyn profi gwybodaeth a dealltwriaeth.

Cymwysterau UG/U2

Bwriad y canllaw adolygu hwn yw eich helpu chi i astudio ar gyfer eich arholiadau Safon Uwch CBAC. Mae'r cynnwys ychwanegol sy'n ofynnol ar gyfer manyleb UG a rhywfaint o U2 CBAC i'w gael yng Nghanllaw Adolygu Llyfr 1 (ISBN 978-1-912820-57-3).

Mae'r adran gynnwys isod yn esbonio'n union beth sydd ym mhob llyfr.

Canllaw Adolygu Llyfr 1	Canllaw Adolygu Llyfr 2
Deddfu, Natur y Gyfraith a Systemau Cyfreithiol Cymru a Lloegr	**Cyfraith Contract**

1.1 Deddfu
      Diwygio'r gyfraith
	3.8 Telerau datganedig ac ymhlyg
	  3.9 Camliwio a gorfodaeth economaidd

1.2 Deddfwriaeth ddirprwyedig	**Cyfraith Trosedd**
1.3 Dehongli statudol	**3.14** Troseddau corfforol angheuol
1.4 Cynsail farnwrol	**3.15** Troseddau eiddo
1.5 Y llysoedd sifil	**3.16** Amddiffyniadau gallu ac amddiffyniadau rheidrwydd
1.6 Y broses droseddol Rheithgorau	**3.17** Troseddau ymgais rhagarweiniol

1.7 Personél cyfreithiol:
      Bargyfreithwyr a chyfreithwyr
      Y farnwriaeth
      Ynadon	

1.8 Mynediad at gyfiawnder a chyllid	
Cyfraith Contract	
3.6 Rheolau contract	
3.7 Gofynion hanfodol contract	
3.10 Rhyddhau contract	
3.11 Rhwymedïau: Contract	
Cyfraith Camwedd	
2.1 Rheolau cyfraith camwedd	
2.2 Atebolrwydd o ran esgeuluster	
2.3 Atebolrwydd meddianwyr	
2.4 Rhwymedïau: Camwedd	
Cyfraith Trosedd	
3.12 Rheolau cyfraith trosedd	
3.13 Elfennau cyffredinol atebolrwydd troseddol	
3.14 Troseddau corfforol	
Cyfraith hawliau dynol	
3.1 Rheolau, damcaniaeth a diogelu cyfraith hawliau dynol	
3.2 Darpariaethau penodol yn y Confensiwn Ewropeaidd ar Hawliau Dynol	
3.5 Diwygio hawliau dynol	
3.3 Cyfyngiadau'r Confensiwn Ewropeaidd ar Hawliau Dynol	

Cynnwys arholiadau CBAC UG/U2

Bydd y rhan fwyaf o ymgeiswyr yn astudio ar gyfer UG CBAC yn eu blwyddyn gyntaf, ac yna U2 yn ystod eu hail flwyddyn. Yn y rhan fwyaf o achosion, bydd arholiadau UG yn cael eu sefyll ar ddiwedd y flwyddyn gyntaf a bydd y rhain yn cael eu cyfuno â'r arholiadau U2, sy'n cael eu sefyll ar ddiwedd yr ail flwyddyn i gael y cymhwyster Safon Uwch llawn. I weld cynnwys llawn manyleb CBAC ewch i www.cbac.co.uk.

Mae'r arholiad UG yn werth 40% o'r cymhwyster Safon Uwch llawn. Mae'r arholiad UG yn gam tuag at y cymhwyster Safon Uwch llawn.

Mae Safon Uwch llawn CBAC yn cynnwys pedair uned / arholiad. Mae'r cynnwys hwn yn ymddangos yng Nghanllawiau Adolygu Llyfr 1 a Llyfr 2.

Mae cymhwyster UG CBAC yn cynnwys dwy uned / arholiad. Mae'r canllaw adolygu hwn yn cynnwys digon o destunau i'ch helpu chi i baratoi ar gyfer yr arholiadau.

	Uned 1	Uned 2	Uned 3	Uned 4
CBAC UG	Natur y Gyfraith a Systemau Cyfreithiol Cymru a Lloegr	Cyfraith Camwedd	amh.	amh.
	80 marc ar gael (25% o'r cymhwyster Safon Uwch llawn)	60 marc ar gael (15% o'r cymhwyster Safon Uwch llawn)	amh.	amh.
	1 awr 45 munud	1 awr 30 munud	amh.	amh.
CBAC U2	Unedau 1 a 2, uchod, ynghyd ag unedau 3 a 4 100 marc ar gael (30% o'r cymhwyster Safon Uwch llawn) 1 awr 45 munud		Arfer Cyfraith Sylwedd/Y Gyfraith Gadarnhaol	Safbwyntiau Cyfraith Sylwedd/Y Gyfraith Gadarnhaol
			100 marc ar gael (30% o'r cymhwyster Safon Uwch llawn)	100 marc ar gael (30% o'r cymhwyster Safon Uwch llawn)
			2 awr	2 awr

Y pwysoliad cyffredinol yw 40% ar gyfer UG a 60% ar gyfer U2.

- **Uned 1**: Natur y Gyfraith a Systemau Cyfreithiol Cymru a Lloegr (25%).
- **Uned 2**: Cyfraith Camwedd (15%).
- **Uned 3**: Arfer Cyfraith Sylwedd/Y Gyfraith Gadarnhaol (30%).
- **Uned 4**: Safbwyntiau Cyfraith Sylwedd/Y Gyfraith Gadarnhaol (30%).

> **Nodyn:** hen derm CBAC am 'Substantive Law' oedd 'Y Gyfraith Gadarnhaol'. Bellach mae'r term 'Cyfraith Sylwedd' wedi ennill ei blwyf, felly defnyddir y term hwn yn y gyfrol hon.

AA2: Cwestiynau 'cymhwyso':

N: Nodwch pa faes o'r gyfraith sydd dan sylw

- Cyflwynwch y testun.
- Diffiniwch unrhyw dermau allweddol sydd yn y cwestiwn.
- Nodwch bwyntiau allweddol – er enghraifft, pa faes o'r gyfraith sydd yma?
- Pwy yw'r diffynnydd? Pwy yw'r hawlydd?

Ceisiwch osgoi cyflwyniad niwlog – cyfeiriwch yn uniongyrchol at y testun dan sylw yn eich brawddeg gyntaf un.

D: Disgrifiwch y maes o'r gyfraith sydd dan sylw

- Esboniwch y maes hwnnw o'r gyfraith, a defnyddiwch awdurdod cyfreithiol i'ch cefnogi ac i helpu eich esboniad.
- Does dim angen i chi wybod blynyddoedd yr achosion, dim ond y statudau.
- Mae'n arfer da tanlinellu awdurdod cyfreithiol os oes gennych chi amser.

Does dim angen ffeithiau manwl am yr achosion – bydd esboniad byr i nodi pam mae'n berthnasol yn ddigon, oni bai fod nodweddion arwyddocaol yn yr achos rydych chi'n ei ddyfynnu sy'n debyg i'r ffeithiau ym mhroblem y senario.

C: Cymhwyswch y gyfraith at y senario

- Cymhwyswch y **D** at y partïon yn y senario – beth yw'r canlyniad?
- Gallwch ystyried mwy nag un posibilrwydd.
- Cyfeiriwch at enwau'r partïon mor aml ag y gallwch.
- Cyfeiriwch at **bopeth** yn y senario.

AA3: Cwestiynau dadansoddi a gwerthuso

Mae rhai geiriau ac ymadroddion yn eich helpu chi i gyflwyno dadl resymegol, ac maen nhw'n dangos eich bod chi wedi ystyried yr holl elfennau a'r holl faterion perthnasol yn ofalus. Mae rhai enghreifftiau yn y tablau isod.

Dechrau adeiladu pwyntiau a threfnu syniadau

Dechreuwch eich atebion drwy esbonio'r pwyntiau allweddol a'r prif syniadau cyfreithiol.

Adeiladu pwyntiau yn eu trefn	Ychwanegu at bwyntiau	Defnyddio iaith betrus	Esbonio pwynt neu syniad
Yn gyntaf, Yn ail, Yn drydydd etc. ...	Un pwynt posibl yw ...	Mae'n bosibl dadlau ...	Yn fy marn i ... Er enghraifft ...
I ddechrau, gellir dweud ...	Yn ogystal, ...	Un posibilrwydd fyddai ...	Mae llawer o resymau bod ..., fel ...
Y pwynt nesaf fyddai ...	At hynny, ...	Mae'n bosibl dweud ...	Gallech ddadlau bod ... Er enghraifft ...
I ymhelaethu ar hyn, mae'n bosibl dweud ...	Hefyd, ...	Byddai rhai pobl yn dweud ...	Un enghraifft o ... fyddai ...
At hynny ...	Yn ogystal ...	Byddwn i'n awgrymu ...	Mae'r syniad bod ... yn cael ei ategu gan ...
Yn olaf, ...	Nesaf, ...	Efallai ei bod yn deg dadlau bod ...	

Gwneud pwyntiau a dadleuon cryfach

Gwnewch yn siŵr eich bod chi'n cyfiawnhau'r hyn rydych chi'n ei ddweud. Dyma lle gallwch gynnwys awdurdod cyfreithiol allweddol, materion cyfoes a diwygiadau.

Defnyddio ymadroddion gofynnol (yn ddefnyddiol ar gyfer diwygiadau)	Cyfiawnhau syniadau (mae hyn yn ddefnyddiol gyda diwygiadau)	Pwysleisio pwyntiau	Dechrau gydag adferfau
Efallai byddai'n bosibl awgrymu bod …	Mae'r [achos] yn dweud wrthym ni bod …, felly ….	Yn bennaf oll, rhaid dweud bod …	Yn ddiddorol, …
A fyddai'n bosibl dweud…?	Mae'r [erthygl ddiweddar] yn dweud … Felly, …	Mae'n arbennig o wir bod …	Ni ellir gwadu, …
Oni fyddem ni'n gallu dadlau bod …	Mae [diwygiadau diweddar] … felly …	Yn fwyaf arwyddocaol, …	Yn amlwg, …
Mae'n deg casglu bod …	Mae'n bosibl gweld bod [ystadegau, awdurdod cyfreithiol] … felly o ganlyniad …	Yn fwyaf nodedig, mae …	Mae'n glir bod …
Efallai ei bod yn wir bod …		Mae'n hynod o bwysig amlygu'r ffaith bod …	Yn sicr, …
			Yn wir, …
			Mae'n eglur …
			Heb os, ….
			Does bosibl …

Gwneud pwyntiau a dadleuon cytbwys, ystyrlon

Dyma lle byddwch chi'n cysylltu eich pwyntiau â'i gilydd, ac yn cyfeirio'n ôl at y cwestiwn. Defnyddiwch awdurdod cyfreithiol a damcaniaethwyr i'ch cefnogi pan allwch.

Cymharu	Cyferbynnu	Cyflwyno dadl gytbwys
Felly hefyd, yn fy marn i …	Yn wahanol i …, mae'n bosibl dweud …	Ar y naill law, gallech chi ddweud … ond, ar y llaw arall, gallech chi ddadlau hefyd …
Yn yr un modd, yn fy marn i …	Neu, mae'n bosibl dweud …	Un ddadl fyddai … ond safbwynt arall fyddai …
Yn fy marn i, yn yr un ffordd, byddai'n bosibl dweud …	I'r gwrthwyneb, mae'n bosibl dadlau bod …	Mae'n bosibl dweud …; ond byddai'n bosibl dweud hefyd fod …
Yn yr un modd, mae'n bosibl dadlau …	Er bod rhai pobl yn credu bod …, yn fy marn i …	Gallai rhywun gredu bod … ond ar y llaw arall byddai'n bosibl dadlau hefyd bod …
Fel …, mae'n wir dweud bod …	Gallech chi ddweud … ond yn fy marn i …	Un ffordd o feddwl am y pwnc yw … Ar y llaw arall, barn arall fyddai …

Asesu CBAC Y Gyfraith

Wrth i chi ddechrau adolygu, mae'n syniad da eich atgoffa eich hun o'r Amcanion Asesu sy'n cael eu profi. Dyma nhw:

- **Amcan Asesu 1 (AA1)**: Disgrifio beth rydych chi'n ei wybod.
- **Amcan Asesu 2 (AA2)**: Cymhwyso eich gwybodaeth.
- **Amcan Asesu 3 (AA3)**: Dadansoddi/gwerthuso'r wybodaeth hon.

Mae pob cynllun marcio yn cynnig marciau ar gyfer y sgiliau gwahanol, ac mae arholwyr yn cael eu hyfforddi i chwilio amdanyn nhw ac i'w hadnabod.

- **AA1**: Rhaid i chi ddangos gwybodaeth a dealltwriaeth o reolau ac egwyddorion cyfreithiol.
- **AA2**: Rhaid i chi gymhwyso rheolau ac egwyddorion cyfreithiol at senarios penodol er mwyn cyflwyno dadl gyfreithiol gan ddefnyddio terminoleg gyfreithiol briodol.
- **AA3**: Rhaid i chi ddadansoddi a gwerthuso rheolau, egwyddorion, cysyniadau a materion cyfreithiol.

Termau allweddol ac awdurdod cyfreithiol

Mae myfyrwyr yn aml yn dweud bod astudio Y Gyfraith yn teimlo fel dysgu iaith newydd. Mewn gwirionedd, bydd angen i chi ddod i adnabod rhai termau Lladin, fel *ratio decidendi*. Os ydych chi am gyrraedd y bandiau marcio uwch, bydd yn rhaid i chi ddefnyddio terminoleg gyfreithiol briodol. Mae termau allweddol wedi'u hamlygu mewn print bras drwy gydol y llyfr. Bydd llawer o'r cwestiynau arholiad byrrach yn gofyn i chi esbonio ystyr term, neu ddisgrifio cysyniad. Dylech chi ddechrau eich traethodau ateb estynedig bob amser drwy esbonio'r term allweddol yn y cwestiwn. Dylai gweddill eich ateb ganolbwyntio ar syniadau a dadleuon sy'n gysylltiedig â'r term allweddol hwnnw.

Er mwyn cefnogi'r pwyntiau rydych chi'n eu gwneud, dylech chi gynnwys awdurdod cyfreithiol. Gall hyn fod yn achos, yn statud neu'n ddeddfwriaeth, er enghraifft **Rylands v Fletcher (1866)** neu **adran 1 Deddf Dwyn 1968**.

Telerau datganedig ac ymhlyg

Yn y fanyleb	Yn yr adran hon bydd myfyrwyr yn datblygu eu gwybodaeth am y canlynol:
CBAC Safon Uwch 3.8: Telerau datganedig ac ymhlyg, amodau, gwarantau a thelerau anenwol, cymalau eithrio a chyfyngu	• Rhwymedigaethau o dan gontract: y gwahaniaeth rhwng ymliwiadau a thelerau • Telerau datganedig: ymgorffori telerau datganedig, rheol tystiolaeth ymadroddol • Telerau ymhlyg: telerau ymhlyg yn ôl ffaith, telerau ymhlyg yn ôl statud: telerau ymhlyg o dan *Ddeddf Hawliau Defnyddwyr 2015*, *Rheoliadau Contractau Defnyddwyr 2013* • Cymalau eithrio mewn contractau defnyddwyr a chontractau busnes i fusnes: ymgorffori cymalau eithrio, *Deddf Telerau Contract Annheg 1977* • Telerau eraill: amodau, gwarantau, telerau anenwol

CYSWLLT

I gael rhagor o wybodaeth am delerau datganedig ac ymhlyg, gweler tudalennau 8–20 yn *CBAC Safon Uwch Y Gyfraith Llyfr 2*.

Gwella adolygu

Gallai cwestiynau ar y testun hwn ymwneud â'r tri amcan asesu.

Ar gyfer cwestiynau **AA2**, mae angen i chi **gymhwyso** a yw'r telerau mewn senario 'problem' wedi cael eu hymgorffori'n gyfreithlon. Dylech chi gynnwys achosion i gefnogi pob elfen ar y gyfraith, a gan mai **AA2** yw'r sgìl sy'n cael ei brofi, mae'n hanfodol eich bod chi'n cymhwyso'r gyfraith at y senario penodol. Mae defnyddio'r fframwaith **NDC** (neu *IDA* yn Saesneg) yn ddefnyddiol ar gyfer y mathau hyn o gwestiynau:

- **Cyflwyniad**: nodwch y mater cyfreithiol dan sylw, a diffiniwch unrhyw dermau allweddol sy'n ganolog i'r testun.
- **Disgrifio**: disgrifiwch faes y gyfraith, gan ddefnyddio awdurdod cyfreithiol ac achosion i gefnogi a/neu ddarpariaethau statudol.
- **Cymhwyso**: Dyma elfen bwysicaf yr ateb. Dylech chi gyfeirio at enwau'r bobl yn y senario, a defnyddio ymadroddion fel 'Yn yr achos hwn...'.

Ar gyfer cwestiynau **AA3 gwerthuso**, mae angen i chi ddadansoddi a gwerthuso maes o'r gyfraith. Rhai elfennau o'r testun hwn allai godi fel cwestiwn gwerthuso yw effeithiolrwydd y ddeddfwriaeth sy'n ymgorffori telerau drwy statud, yn ogystal â gwerthuso tegwch y cymalau eithrio. Gan mai gwerthuso yw'r sgìl sy'n cael ei brofi, mae'n bwysig cynnwys cyflwyniad, prif gorff gyda pharagraffau sy'n cysylltu'n ôl i'r cwestiwn, a chasgliad i gefnogi eich ateb. Defnyddiwch gymaint o awdurdod cyfreithiol ag y gallwch, gan gynnwys cyfeirio at ddiwygiadau os yw hynny'n briodol.

Lluniwch eich nodiadau adolygu o amgylch y canlynol...

- **Telerau datganedig**
  - Yn cael eu hymgorffori drwy:
    - eu hysgrifennu yn y contract, neu
    - gwneud datganiad cyn dod â'r contract i ben
  - Canllawiau ar ymgorffori:
    - Pwysigrwydd y datganiad: *Bannerman v White (1861)*
    - Gwybodaeth a sgìl yr unigolyn sy'n gwneud y datganiad: *Dick Bentley Productions v Harold Smith Motors (1965)*
    - Amseru'r datganiad: *Routledge v McKay (1954)*

- **Telerau ymhlyg: yn ôl ffaith**
  - *Marks and Spencer v BNP Paribas (2015)*
  - Yn ymhlyg yn ôl ffaith:
    - heb y teler, byddai'r contract yn ddiffygiol o ran cydlyniad masnachol neu ymarferol
    - rhaid i'r teler fod yn angenrheidiol o ran effeithlonrwydd busnes: *The Moorcock (1889)*
    - rhaid i'r teler fodloni'r **prawf rheidrwydd busnes** (roedd hwn yn arfer cael ei alw'n **brawf y sylwebydd ymyrgar**): *Shirlaw v Southern Foundries (1926)*

- **Telerau ymhlyg: yn ôl y gyfraith**
  - Gwerthu nwyddau: *Deddf Hawliau Defnyddwyr 2015*:
    - *adran 9*: ansawdd boddhaol
    - *adran 10*: addas i'r pwrpas
    - *adran 11*: yn ôl y disgrifiad
  - Cyflenwi gwasanaethau: *Deddf Hawliau Defnyddwyr 2015*:
    - *adran 49*: gofal a sgìl rhesymol
    - *adran 50*: gwybodaeth sy'n rhwymo
    - *adran 51*: pris rhesymol
    - *adran 52*: amser rhesymol

- **Telerau annheg: yn ôl y gyfraith**
  - *adran 62 Deddf Hawliau Defnyddwyr 2015:* os yw unrhyw deler yn annheg o dan y Ddeddf, nid yw'n rhwymol
  - Mae teler yn annheg os yw'n mynd yn groes i ofyniad didwylledd, ac yn achosi anghydbwysedd arwyddocaol yn hawliau a rhwymedigaethau'r partïon
  - *Rheoliadau Contractau Defnyddwyr (Gwybodaeth, Canslo a Thaliadau Ychwanegol) 2013*: mae'r rhain yn amlinellu gwybodaeth allweddol i'w rhoi i ddefnyddwyr cyn llunio contract ar y we, dros y ffôn neu o gatalog
    - Mae gan y defnyddiwr hawl i ganslo cyn pen 14 diwrnod ar ôl archebu

- **Cymalau eithrio: cyfraith gwlad/cyfraith gyffredin**
  - Rhaid eu hymgorffori:
    - drwy lofnod: *L'Estrange v Graucob (1934)*
    - drwy rybudd rhesymol: *Parker v South Eastern Railway (1877)*
    - drwy drefn flaenorol o ddelio: *Spurling v Bradshaw (1956)*
  - Rhaid i'r cymal eithrio gwmpasu'r tor-contract

- **Cymalau eithrio: statud**
  - Mae *Deddf Telerau Contract Annheg 1977* yn gymwys i gontractau sydd heb ymwneud â defnyddwyr yn unig
    - *adran 2*: eithrio atebolrwydd am esgeuluster
    - *adran 3*: eithrio atebolrwydd am dor-contract
    - *adran 6*: eithrio atebolrwydd mewn contractau ar gyfer gwerthu nwyddau
    - *adran 11*: prawf rhesymoldeb

Gweithgaredd 1.1   Awdurdod cyfreithiol

Cysylltwch yr adran berthnasol o *Ddeddf Hawliau Defnyddwyr 2015* â'r rheol mae'n ei hamlinellu.

Awdurdod cyfreithiol	Rheol
adran 9	Rhaid darparu gwasanaethau am bris rhesymol.
adran 10	Nid yw teler annheg yn rhwymo'r defnyddiwr.
adran 11	Hawl gyfreithiol y defnyddiwr i wrthod nwyddau sydd o ansawdd anfoddhaol.
adran 20	Rhaid i nwyddau fod yn addas i'r pwrpas.
adran 23	Rhaid i nwyddau fod o ansawdd boddhaol.
adran 49	Os nad yw gwasanaeth yn bodloni'r meini prawf, dylai'r masnachwr ail-wneud yr elfen annigonol eto heb gost ychwanegol.
adran 50	Os nad yw'n bosibl ail-wneud y gwasanaeth, gall y defnyddiwr hawlio gostyngiad yn y pris.
adran 51	Rhaid i'r nwyddau fod yn ôl y disgrifiad.
adran 52	Rhaid rhoi cyfle i'r adwerthwr atgyweirio neu gyfnewid unrhyw nwyddau diffygiol y tu allan i'r cyfnod prynu o 30 diwrnod.
adran 55	Rhaid darparu'r gwasanaeth gyda gofal a sgìl rhesymol.
adran 56	Mae unrhyw wybodaeth sy'n cael ei rhoi i'r defnyddiwr cyn darparu'r gwasanaeth yn rhwymol.
adran 62	Rhaid darparu gwasanaethau o fewn amser rhesymol.

Gweithgaredd 1.2   Telerau ymhlyg

Edrychwch ar y senarios canlynol a thrafodwch eich hawliau fel defnyddiwr mewn perthynas â'r telerau yn y contract. Bydd angen i chi edrych ar adrannau perthnasol *Deddf Hawliau Defnyddwyr 2015* a *Rheoliadau Contractau Defnyddwyr (Gwybodaeth, Canslo a Chostau Ychwanegol) 2013*.

Parhad

Beth yw eich hawliau fel defnyddiwr?

a. Rydych chi'n prynu gliniadur ac yn ei ddefnyddio'n aml am bedwar mis. Yna, rydych chi'n sylwi nad yw'r batri yn gweithio'n iawn ac mae'n para am awr yn unig ar ôl ei wefru. Mae'r masnachwr yn ei atgyweirio, ond mae'r gliniadur yn dal i fod yn araf ac yn colli pŵer yn gyflym.

b. Rydych chi'n prynu peiriant podiau coffi, ond ar ôl wythnos rydych chi'n sylwi bod y llaeth yn tasgu i bob man – felly nid yw'r peiriant coffi o ansawdd boddhaol.

c. Rydych chi'n bwriadu gwneud ychydig o waith cynnal a chadw yn y tŷ ac yn chwilio am ddril trydanol newydd. Mae gennych chi fodel penodol mewn golwg ac rydych yn trafod y gofynion gyda'r gwerthwr, gan gynnwys yr angen i ddrilio drwy waliau cerrig. Mae'r gwerthwr yn cytuno bod y dril a'r darnau sy'n dod gydag ef yn addas i'r dasg. Ond wrth i chi geisio drilio drwy wal gyda'r dril newydd, rydych chi'n sylweddoli nad yw'n addas i'w ddefnyddio gyda waliau cerrig.

ch. Rydych chi'n lawrlwytho gêm am ddim, ac yn y gêm mae angen adeiladu byd dychmygol. Rydych chi'n ennill rhywfaint o arian ym myd y gêm wrth ei chwarae, ac yna rydych chi'n prynu ychydig o arian ychwanegol yn yr ap, sy'n costio £3.99 i chi. Er hynny, nid yw'r arian hwnnw'n ymddangos yn eich byd yn y gêm.

d. Gallwch lawrlwytho cyfres deledu, ac yn ôl y disgrifiad mae'n cynnwys 13 pennod. Ar ôl i chi lawrlwytho'r gyfres, rydych chi'n gweld bod y bennod olaf ar goll.

Parhad

dd. Rydych chi'n prynu ap sy'n cadw trefn ar gerddoriaeth a lluniau. Ond wrth ddechrau ei ddefnyddio, mae byg ynddo yn achosi iddo ddileu eich cerddoriaeth a'ch lluniau.

e. Rydych chi'n llunio contract gyda gwasanaeth arlwyo i ddarparu bwffe ar gyfer eich parti pen-blwydd am 6pm ar nos Sadwrn benodol. Rydych chi'n talu £25 y pen am y gwasanaeth. Os yw'r cyflenwr yn achosi unrhyw broblem â'r gwasanaeth, mae cymal yn y contract sy'n dweud mai'r disgownt mwyaf am hynny yw £70. Ond mae'r bwyd yn cyrraedd yn hwyr, am 10pm, fel mae'r parti'n gorffen.

f. Rydych chi'n llunio contract gyda masnachwr i addurno ystafell ar gyfer parti. Rydych chi'n archwilio'r gwaith y diwrnod cyn bod disgwyl iddo gael ei orffen. Ond nid dyma'r lliwiau y gwnaethoch chi gytuno arnyn nhw gyda chynorthwyydd y masnachwr. Mae'r masnachwr yn ffonio'r cynorthwyydd, sy'n cytuno eich bod chi wedi nodi manylion y lliwiau.

ff. Rydych chi'n arwyddo contract ffôn symudol am £20 y mis. Y diwrnod ar ôl i chi gytuno i'r cynnig, rydych chi'n darganfod bod eich cymydog wedi cael yr un pecyn am £15. Rydych chi'n herio'r cwmni, gan ddadlau bod ei ddêl yn annheg.

g. Rydych chi'n prynu tocyn gyda chwmni hedfan FynyFry, ac yn gweld cymal ar y sgrin olaf wrth archebu sy'n dweud 'gallai ffioedd ychwanegol fod yn gymwys'. Rydych chi'n ticio'r blwch nesaf ato ac yn archebu eich tocyn. Ar ôl i chi gyrraedd y maes awyr, rydych chi'n canfod bod rhaid talu ffi am fagiau ychwanegol.

Gweithgaredd 1.3   Cwestiwn cymhwyso

Efallai bydd rhaid i chi gymhwyso gofynion hanfodol contract at senario, er mwyn cynghori rhywun ynghylch a yw eu telerau wedi'u hymgorffori ac a ydyn nhw'n deg. Gyda'r math hwn o gwestiwn, awgrymir eich bod chi'n ystyried y digwyddiadau yn eu trefn gronolegol gan ddilyn y fframwaith NDC (gweler tudalen 7).

1. Prynodd Florence erial teledu newydd o siop Teledu i Bawb. Dywedodd y gwerthwr wrthi y byddai'r erial yn sicr o wella'r signal teledu. Trefnodd Florence i Jamie osod yr erial. Cymerodd Florence amser i ffwrdd o'r gwaith, ond collodd Jamie ddau apwyntiad. Pan ddaeth Jamie o'r diwedd, gollyngodd ei offer wrth osod yr erial gan wneud niwed i bedwar o'r teils ar y to. Cafodd yr erial ei osod yn gywir, ond roedd o ansawdd gwael felly wnaeth y signal teledu ddim gwella.

Roedd Teledu i Bawb yn gwrthod derbyn unrhyw gyfrifoldeb.

Dywedodd Jamie fod Florence wedi llofnodi ffurflen i gadarnhau bod y gwaith wedi'i gwblhau. Roedd y ffurflen hon yn cynnwys datganiad na fyddai Jamie'n atebol am unrhyw ddifrod o ganlyniad i'r gwaith gosod.

Gan gymhwyso eich gwybodaeth am reolau ac egwyddorion cyfreithiol, cynghorwch Florence ynghylch a gafodd unrhyw delerau ymhlyg neu ddatganedig eu torri wrth brynu a gosod yr erial.

2. Prynodd Fiona becyn pŵer batri am nad oedd y batri ar ei ffôn symudol yn para mwy na diwrnod. Wrth brynu'r pecyn pŵer batri, roedd hi hefyd yn cael mynediad at wefan, lle gallai lwytho rhaglen ar gyfer ei ffôn symudol i lawr, i estyn 8 awr ar fatri ei ffôn. Yn lle estyn 8 awr ar fatri ei ffôn yn ôl y disgwyl, daeth i'r amlwg bod y rhaglen wedi llygru meddalwedd gweithredu ei ffôn gan wneud iddi golli'r holl ffotograffau a'r fideos yr oedd hi wedi'u cadw ar ei ffôn. Yn ogystal, roedd gorchudd allanol y pecyn pŵer batri wedi dod yn llac iawn ac yn boeth wrth ei ddefnyddio. Ar ôl pythefnos, cwynodd wrth Saira, perchennog "Batteries 4 Life" lle'r oedd hi wedi prynu'r pecyn pŵer. Fe wnaeth Saira gyfeirio Fiona at gymalau yn y contract cyflenwi a oedd yn honni eu bod yn cyfyngu atebolrwydd y masnachwr i bris prynu'r nwyddau am dor-ansawdd boddhaol. Roedd y contract yn nodi, oherwydd hyn, nad oedd "unrhyw atebolrwydd o gwbl" am unrhyw fath arall o dor-contract.

Cynghorwch Fiona ynghylch a oes ganddi hawl i adfer y colledion a gafodd, gan gymhwyso eich gwybodaeth o reolau ac egwyddorion cyfreithiol.

Cyd-destun

Cofiwch y tair ffordd y gall cymalau eithrio gael eu hymgorffori o dan y gyfraith gyffredin.

- **Drwy lofnod**: os bydd dogfen yn cael ei llofnodi ar adeg llunio'r contract, ei chynnwys fydd telerau'r contract hwnnw, dim ots os yw'r defnyddiwr wedi darllen y telerau neu beidio.

- **Drwy rybudd rhesymol**: os bydd parti yn rhoi telerau ysgrifenedig ar wahân ar yr adeg pan fydd y contract yn cael ei lunio, ni fydd y telerau hynny yn dod yn rhan o'r contract nes i'r defnyddiwr gael rhybudd rhesymol amdanyn nhw.

- **Drwy drefn flaenorol o ddelio**: os yw dau barti wedi llunio contractau gyda'i gilydd o'r blaen, rhagdybir bod yr un cymalau eithrio yn gymwys i drafodion dilynol.

Gweithgaredd 1.4   Cymalau eithrio

Ystyriwch a yw'r cymalau eithrio canlynol wedi cael eu hymgorffori'n llwyddiannus. Rhowch resymau dros eich ateb, gan ei gefnogi ag awdurdod cyfreithiol os yw hynny'n briodol.

Enghraifft	A gafodd y cymal eithrio ei ymgorffori'n llwyddiannus? (Do/ Naddo)	Rheswm ac enghraifft/enghreifftiau o achosion
1. Hysbysiad ar y cownter mewn siop.		
2. Hysbysiad mewn contract wedi'i lofnodi.		
3. Hysbysiad mewn nodyn dosbarthu pan mae'r ddau barti wedi bod yn delio'n rheolaidd ar yr un telerau.		
4. Hysbysiad wedi'i osod ar wal ystafell wely mewn gwesty.		
5. Hysbysiad mewn derbynneb.		
6. Hysbysiad ar gefn tocyn ystafell gotiau.		
7. Hysbysiad ar beiriant ym mynedfa maes parcio.		

Cyd-destun

Ymchwiliwch i adroddiad Comisiwn y Gyfraith o'r enw *Unfair Terms in Contracts (LC No 298)*, ac edrychwch ar y Mesur Drafft sy'n cael ei gynnig ynddo. Bydd hyn yn eich helpu chi i werthuso'r maes hwn o'r gyfraith, ac ystyried ffyrdd o wella'r rheoliadau statudol ar gymalau eithrio.

Gweithgaredd 1.5 — Pwysigrwydd telerau

Mae gwahanol delerau yn amrywio o ran eu pwysigrwydd. Yn y tabl isod, cysylltwch y math o deler â'r diffiniad cywir a'r achos cefnogol cywir.

Teler	Esboniad	Achos(ion) cefnogol
Amodau	Telerau nad yw'n bosibl eu nodi nes i'r contract gael ei dorri.	*Hong Kong Fir v Kawasaki (1962)*
Gwarantau	Prif delerau contract. Maen nhw mor bwysig nes byddai peidio â'u cyflawni yn gwneud y contract yn ddiwerth.	*Poussard v Spiers & Pond (1976)*
Telerau anenwol	Mân delerau contract. Os byddan nhw'n cael eu torri, gall y parti ddwyn achos am iawndal, ond ni all wrthod y contract.	*Bettini v Gye (1876)*

Gan ddefnyddio'r cod lliw perthnasol, amlygwch pa delerau yn y gosodiad canlynol yw'r amodau, y gwarantau a'r telerau anenwol.

Rydw i'n trefnu bod Jack yn torri fy lawnt bob bore dydd Mawrth am £20 yr wythnos. Y nos Fawrth yma, byddaf i'n cael barbeciw ar gyfer fy ffrindiau, felly rydw i eisiau i'r ardd edrych yn daclus.

1.1 Cwestiynau cyflym

1. Esboniwch y gwahaniaeth rhwng **ymliwiadau** a **thelerau**.
2. Amlinellwch y **tair** ffordd y gall teler datganedig gael ei ymgorffori mewn contract.
3. Pam mae'r dehongliad llythrennol yn cael ei ffafrio fel y dull o ddehongli contractau?
4. Beth yw arwyddocâd *Marks and Spencer v BNP Paribas (2015)*?
5. Pa iawndal sydd ar gael i ddefnyddwyr wrth hawlio am **nwyddau** diffygiol o dan *Ddeddf Hawliau Defnyddwyr 2015*?
6. Pa iawndal sydd ar gael i ddefnyddwyr wrth hawlio am **wasanaethau anfoddhaol** o dan *Ddeddf Hawliau Defnyddwyr 2015*?
7. Amlinellwch **dri** darn allweddol o wybodaeth y mae'n rhaid eu rhoi i ddefnyddiwr yn ôl *Rheoliadau Contractau Defnyddwyr (Gwybodaeth, Canslo a Chostau Ychwanegol) 2013*.
8. Yn ôl *Rheoliadau Contractau Defnyddwyr (Gwybodaeth, Canslo a Chostau Ychwanegol) 2013*, pa hawliau sydd gan ddefnyddiwr i ganslo eitem mae wedi ei phrynu ar ôl 14 diwrnod?
9. Amlinellwch y **tair** ffordd y gall cymal eithrio gael ei ymgorffori mewn contract.
10. Beth yw diben *Deddf Telerau Contract Annheg 1977*?
11. Beth yw ystyr **gwarant** (*warranty*)?

Camliwio a gorfodaeth economaidd

Yn y fanyleb	Yn yr adran hon bydd myfyrwyr yn datblygu eu gwybodaeth am y canlynol:
CBAC Safon Uwch 3.9: Camliwio a gorfodaeth economaidd	• Camliwio twyllodrus: ystyr camliwio twyllodrus a'r rhwymedïau sydd ar gael • Camliwio anfwriadol: ystyr camliwio anfwriadol a'r rhwymedïau sydd ar gael • Camliwio esgeulus: ystyr camliwio esgeulus a'r rhwymedïau sydd ar gael • **Deddf Camliwio 1967**: camliwio statudol o dan **a2**, y cyfyngiad ar atebolrwydd o dan **a3** a'r rhwymedïau sydd ar gael • Gorfodaeth economaidd: ystyr gorfodaeth economaidd, sut mae'n wahanol i orfodaeth gorfforol ac unrhyw rwymedïau sydd ar gael

CYSWLLT

I gael rhagor o wybodaeth am gamliwio a gorfodaeth economaidd, gweler tudalennau 21–25 yn *CBAC Safon Uwch Y Gyfraith Llyfr 2.*

Gwella adolygu

Gallai'r testun hwn ymddangos fel cwestiwn ar ffurf senario sy'n profi sgiliau **AA2 cymhwyso**. Ar gyfer y math hwn o gwestiwn, mae angen i chi gynghori rhywun ynghylch y materion. Fel arfer, byddech chi'n defnyddio ffeithiau'r senario i benderfynu a oes achos o gamliwio, pa fath o gamliwio a'r rhwymedïau sydd ar gael. Gallai'r math hwn o gwestiwn senario hefyd ofyn i chi ystyried cymhwyso'r rheolau ar orfodaeth economaidd a'r rhwymedïau sydd ar gael. Ar gyfer yr atebion hirach hyn, dylech chi hefyd strwythuro eich ateb gan ddefnyddio cyflwyniad sy'n cynnig trosolwg o gamliwio a gorfodaeth economaidd, a chasgliad sy'n clymu'r materion ynghyd ac yn dod i gasgliad ar sail eich gwaith cymhwyso. Gan mai'r sgìl sy'n cael ei brofi yw **AA2**, mae'n rhaid i chi gymhwyso'r gyfraith at y senario penodol gan ddefnyddio achosion a statudau i gefnogi eich ateb.

Gallai'r testun hwn ymddangos hefyd fel cwestiwn traethawd sy'n profi sgiliau **AA3 dadansoddi a gwerthuso**. Meddyliwch am elfennau o bob testun fyddai'n gallu gofyn am ymateb marc uwch, mwy gwerthusol. Dyma enghreifftiau o'r mathau o gwestiynau posibl:

• I ba raddau mae **Deddf Camliwio 1967** yn amddiffyn prynwyr rhag datganiadau esgeulus sy'n cael eu gwneud gan werthwyr?

• A yw cyfraith camliwio yn rhoi rhwymedïau digonol i ddefnyddwyr?

• Dadansoddwch a gwerthuswch y gyfraith mewn perthynas â chamliwio a gorfodaeth economaidd.

Ar gyfer yr atebion hirach hyn, dylech chi ddechrau eich ateb gan ddefnyddio cyflwyniad sy'n rhoi trosolwg o'r hyn mae'r ateb yn mynd i'w drafod, a sut bydd prif gorff y ddadl yn datblygu. Gallai hefyd gynnwys rhywfaint o gyd-destun cryno, ynghyd ag esboniad o dermau allweddol mewn perthynas â'r testun neu gwestiwn. Yna, dylai eich ateb ddilyn strwythur rhesymegol gyda pharagraffau sy'n cysylltu'n ôl i'r cwestiwn, a thystiolaeth i'w gefnogi. Dylai casgliad glymu'r materion at ei gilydd ar sail y dystiolaeth rydych chi wedi'i chyflwyno mewn perthynas â'r cwestiwn. Er mwyn gwerthuso, bydd angen i chi esbonio beth rydych chi'n ei werthuso hefyd.

Lluniwch eich nodiadau adolygu o amgylch y canlynol...

- **Camliwio:**
  - Datganiad anwir mewn contract sy'n gallu golygu bod modd dirymu'r contract
  - Datganiad o ffaith/ffeithiau perthnasol, a wneir gan un parti mewn contract i'r parti arall, yn ystod y negodi sy'n arwain at lunio'r contract, a fwriadwyd i weithredu, ac a wnaeth weithredu, fel cymhelliad i'r parti arall ymrwymo i'r contract, ac a oedd yn anwir neu wedi'i ddatgan yn anghywir

- **Camliwio twyllodrus**: rhaid profi'r twyll: *Derry v Peak (1889)* ond cafodd ei wrthdroi gan *Ddeddf Cwmnïau 2006*
  - Rhwymedïau: iawndal yn ôl mesur cyfraith camwedd a *Deddf Camliwio 1967* a dadwneuthuriad

- **Camliwio esgeulus**: yr egwyddor yn *Hedley Byrne v Heller & Partners (1964)*
  - Tri gofyniad: gwybodaeth, agosrwydd, dibyniaeth
  - Rhwymedïau: iawndal yn ôl mesur cyfraith camwedd o esgeuluster a *Deddf Camliwio 1967*

- **Camliwio anfwriadol**: *Deddf Camliwio 1967*: dim ond ar gyfer hawliadau pan fydd parti yn credu bod ei ddatganiadau anwir yn wir.
  - Rhwymedïau: dadwneuthuriad ac iawndal o dan *Ddeddf Camliwio 1967*

- **Camliwio o dan statud**: *adran 2(1) Deddf Camliwio 1967*
  - Does dim angen profi twyll na pherthynas arbennig o dan feini prawf *Hedley Byrne*
  - Rhaid i'r sawl sy'n gwneud y datganiad brofi nad oedd yn esgeulus: *Howard Marine and Dredging Co Ltd v A Ogden and Sons (Evacuations) Ltd (1978)*, *Spice Girls Ltd v Aprilia World Service (2002)*

- **Gorfodaeth economaidd**: gellir rhoi contract o'r neilltu oherwydd bod pwysau eithafol wedi gwneud y contract yn anymarferol yn fasnachol
  - Rhaid bodloni **pum** amod:
    - Rhoddwyd pwysau ar y parti sy'n contractio: *North Ocean Shipping Co v Hyundai Construction Co (1979) [The Atlantic Baron]*
    - Roedd y pwysau a roddwyd yn anghyfreithlon: *Atlas Express Ltd v Kafco (Importers and Distributors) Ltd (1989)*
    - Roedd y pwysau wedi cymell yr hawlydd i ymrwymo i'r contract: *Barton v Armstrong (1975)*
    - Doedd gan yr hawlydd ddim dewis ond ymrwymo i'r contract: *Universe Tankships v International Transport Workers' Federation (1983)*
    - Protestiodd yr hawlydd ar y pryd neu'n fuan ar ôl llunio'r contract: *North Ocean Shipping Co v Hyundai Construction Co (1979) [The Atlantic Baron]*

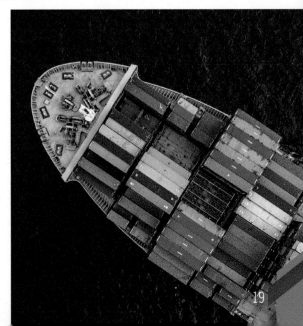

Gweithgaredd 1.6 — Beth yw camliwio?

Achosion i'w defnyddio

Attwood v Small (1838)

Bisset v Wilkinson (1927)

Couchman v Hill (1947)

Edgington v Fitzmaurice (1885)

JEB Fasteners Ltd v Marks Bloom & Co Ltd (1983)

Peyman v Lanjani (1985)

Roscorla v Thomas (1842)

Dewiswch yr achosion o'r rhestr i ddangos pa rai sy'n dylanwadu ar ba ran o'r diffiniad o gamliwio. Mae'n bosibl bod mwy nag un achos yn berthnasol i rai rhannau o'r diffiniad.

Ystyr camliwio yw ...	Enghreifftiau o achosion
... datganiad o ffaith/ ffeithiau perthnasol ...	
... a wneir gan un parti mewn contract i'r parti arall i'r contract ...	
... yn ystod y negodi sy'n arwain at lunio'r contract ...	
... a fwriadwyd i weithredu, ac a wnaeth weithredu, fel cymhelliad ...	
... o dan y contract, ac a oedd yn anwir neu wedi'i ddatgan yn anghywir.	

Camliwio twyllodrus

Os yw rhywun yn gwneud honiad o gamliwio twyllodrus, rhaid profi'r twyll hefyd. Dangosodd *Derry v Peak (1889)* fod hyn yn gamliwio twyllodrus. Yna bydd yr hawlydd yn dwyn achos am iawndal. Bydd hwn yn cael ei ddyfarnu yn ôl y camwedd 'ystryw', ac mae hefyd ar gael o dan *a2(1) Deddf Camliwio 1967*. Mae rhwymedi ecwitïol dadwneuthuriad ar gael hefyd. Mae'r diffynnydd yn gyfrifol am bob colled, yn cynnwys unrhyw golled ganlyniadol cyn belled â bod cysylltiad o ran achosiaeth rhwng y camliwio twyllodrus a cholled yr hawlydd.

Camliwio esgeulus

Yn ôl *Hedley Byrne v Heller & Partners (1964)*, mae'n bosibl hawlio iawndal am gamliwio esgeulus lle bu colled ariannol a lle mae perthynas arbennig rhwng y partïon.

Mae tri pheth yn ofynnol:

1. Rhaid bod gan y parti sy'n gwneud y datganiad y math penodol o wybodaeth sy'n angenrheidiol ar gyfer y cyngor.

2. Rhaid bod agosrwydd digonol rhwng y ddau barti fel ei bod yn rhesymol dibynnu ar y datganiad.

3. Mae'r parti y gwneir y datganiad iddo yn dibynnu ar y datganiad, ac mae'r parti sy'n gwneud y datganiad yn ymwybodol o'r ddibyniaeth honno.

Mae iawndal ar gael o dan **Ddeddf Camliwio 1967**. Mae rhwymedi ecwitïol dadwneuthuriad ar gael hefyd.

Camliwio anfwriadol

Yn y gorffennol, os oedd unrhyw gamliwio heb fod yn gamliwio twyllodrus, byddai'n cael ei gyfrif yn gamliwio anfwriadol, heb ystyried sut cafodd ei wneud. Ers sefydlu egwyddor *Hedley Byrne* a phasio **Deddf Camliwio 1967**, dim ond un math o gamliwio y mae'n bosibl honni ei fod wedi ei wneud yn anfwriadol. Camliwio yw hwn lle mae parti'n gwneud datganiad gan gredu'n onest ei fod yn wir. Er enghraifft, gallai parti ailadrodd gwybodaeth anghywir, heb wybod nad yw'n wir.

Y prif rwymedi ar gyfer camliwio anfwriadol yw rhwymedi ecwitïol dadwneuthuriad; hynny yw, dirymu'r contract fel pe bai heb ddigwydd o gwbl. Mae iawndal hefyd ar gael o dan **a2(1) Deddf Camliwio 1967**.

Gweithgaredd 1.7   Mathau o gamliwio

Pa fath o gamliwio sydd dan sylw yn yr enghreifftiau canlynol?

1. Mae Jane yn gwerthu ei char cyflym i Anna. Mae Anna yn gofyn beth yw pŵer yr injan. Ar ôl edrych ar y dogfennau cofrestru, mae Jane yn dweud wrthi mai injan 1000cc yw hi. Dydy Jane ddim yn gwybod bod y dogfennau yn anghywir.

Math o gamliwio:

2. Mae gwerthwr carpedi o'r enw Simon yn dweud wrth Ayesha bod modd defnyddio cannydd (*bleach*) i lanhau carped, ond heb wirio manyleb y gwneuthurwr, sy'n dweud na ddylai wneud hynny.

Math o gamliwio:

3. Mae Emily, sydd heb unrhyw gymwysterau o gwbl, yn dweud wrth ddarpar gyflogwyr posibl mewn cyfweliad fod ganddi radd mewn seicoleg.

Math o gamliwio:

4. Prynodd Louise becyn o 'byrgyrs cig eidion' yn yr archfarchnad leol yn ddiweddar, ond yna darllenodd mewn papur newydd fod y brand yn cynnwys cig ceffyl.

Math o gamliwio:

Gweithgaredd 1.8 — Mead v Babington (2007)

Darllenwch yr astudiaeth achos ganlynol, ac atebwch y cwestiynau sy'n dilyn.

Roedd pâr eisiau adeiladu eiddo yn Sbaen, a gwnaethon nhw ymholiadau i werthwr tai ym Mhrydain. Cyflwynodd y gwerthwr tai nhw i ddatblygwr yn Sbaen, a gyda'r datblygwr fe drefnon nhw i adeiladu eiddo. Ond ni chafodd yr eiddo ei adeiladu, gan olygu eu bod nhw wedi colli llawer o arian.

Yn ystod y negodi, roedd y gwerthwr tai wedi gwneud sawl datganiad, gan gynnwys yr honiadau canlynol am y datblygwr:

- roedd yn addas i brynu'r tir
- roedd yn addas i adeiladu'r eiddo
- ef oedd asiant Sbaenaidd y gwerthwr tai.

Doedd dim un o'r telerau hyn yn y contract gyda'r datblygwr, felly doedd dim modd cyflwyno achos am dor-contract. Cafodd yr achos ei gyflwyno ar sail camliwio. Dyna'r cwestiwn nesaf, felly: a oedd y datganiadau uchod yn achos o gamliwio?

- Roedd y datganiad cyntaf yn wir.
- Doedd yr ail ddatganiad ddim yn wir, ond roedd y gwerthwr tai o Brydain wedi mynd i Sbaen i weld y datblygwr wrth ei waith, a doedd ganddo ddim rheswm dros amau ei onestrwydd.
- Doedd y trydydd datganiad ddim yn wir.

1. Beth yw'r rheolau er mwyn i ddatganiad fod yn achos o gamliwio?

2. A oedd y datganiad cyntaf yn achos o gamliwio?

3. A oedd yr ail ddatganiad yn achos o gamliwio?

4. A oedd y trydydd datganiad yn achos o gamliwio?

5. Pa fath(au) o gamliwio oedd y datganiadau hyn, os o gwbl?

Gweithgaredd 1.9 — Enghreifftiau o gwestiynau senario problem

Mae'r cwestiynau hyn yn debyg i arddull y cwestiynau byddwch chi'n debygol o'u gweld yn eich arholiadau ar gyfer CBAC Safon Uwch Uned 3.

Cymhwyswch y gyfraith ar gamliwio a gorfodaeth economaidd at y senarios hyn.

Senario camliwio

Aeth Liam i brynu peiriant golchi. Roedd eisiau model oedd yn gallu golchi'n gyflym. Aeth i'w siop drydanol leol a gofynnodd i'r rheolwr, Jon, roi cyngor iddo. Dywedodd Jon wrtho fod gan y peiriant golchi gorau gylchred golchi cyflym o 15 munud, ac y gallai olchi ar dymheredd isel o 30°C. Derbyniodd Liam y cyngor a phrynodd y peiriant. Ar ôl iddo gael y peiriant golchi, sylweddolodd Liam ei fod yn cymryd 45 munud i gwblhau'r cylchred golchi, ac nad oedd yn bosibl newid tymheredd y dŵr o 60°C. O ganlyniad, dyblodd bil trydan Liam.

Mae Liam eisiau gwrthod y peiriant. Cynghorwch Liam.

Senario camliwio a gorfodaeth economaidd

Lluniodd Nel gontract i ddanfon paneli ffens at Bailey. Ar ôl pythefnos o ddanfon paneli, sylweddolodd Nel ei bod wedi camgyfrif faint o baneli ffens allai gael eu cario mewn llwyth cyffredin ar ei lori. Oherwydd y cynnydd ym mhris tanwydd, roedd yn mynd i golli arian ar y contract a byddai'r busnes yn mynd i'r wal. Dywedodd Nel wrth Bailey am ei phroblemau. Roedd yn bwysig iawn i Bailey ei fod yn derbyn paneli ffens yn rheolaidd gan Nel, oherwydd roedd angen swm mawr arno i gyflawni contract datblygu tai. Er nad oedd yn fodlon, cytunodd i dalu mwy i Nel am y paneli ffens. Mae'r tai wedi'u hadeiladu erbyn hyn, ac mae wedi penderfynu nad yw'n mynd i dalu'r pris uwch i Nel.

Cynghorwch Nel.

Gweithgaredd 1.10 — Camliwio a gorfodaeth economaidd

1. Nodwch bedwar datganiad fyddai'n gallu cael eu hystyried yn achosion o gamliwio wrth werthu car.

2. Nodwch bedair enghraifft fyddai'n gallu cael eu hystyried yn achosion o orfodaeth economaidd wrth lunio contract lle bydd cwmni chwaraeon mawr yn cyflenwi esgidiau rygbi i siop chwaraeon annibynnol.

23

1.2 Cwestiynau cyflym

1. Beth yw **camliwio** o dan gyfraith contract?
2. Beth yw gofynion hanfodol camliwio?
3. Pa rwymedïau sydd ar gael ar gyfer camliwio esgeulus?
4. Beth yw'r **tri** math gwahanol o gamliwio?
5. Yn ôl achos *Pao On v Lau Yiu Long (1980)*, beth mae'n rhaid ei wirio cyn gall y llysoedd sefydlu dilysrwydd hawliad am orfodaeth economaidd?
6. Beth yw'r effaith pan fydd llys yn canfod achos o gamliwio?
7. A yw rhwymedïau ar gael bob amser ar gyfer camliwio?
8. Beth sy'n digwydd os na chafodd y datganiad ei wneud gan un parti mewn contract i'r parti arall?
9. Beth sy'n cael ei ystyried yn **ddatganiad o ffaith/ffeithiau**?
10. Beth yw **gorfodaeth economaidd**?

Troseddau corfforol angheuol

Yn y fanyleb	Yn yr adran hon bydd myfyrwyr yn datblygu eu gwybodaeth am y canlynol:
CBAC Safon Uwch **3.14:** Troseddau corfforol	• Trosedd angheuol llofruddiaeth: elfennau a chymhwyso'r gyfraith • Trosedd angheuol dynladdiad anwirfoddol: elfennau a chymhwyso'r gyfraith, gan gynnwys dynladdiad drwy ddehongliad, dynladdiad drwy esgeuluster difrifol • Trosedd angheuol dynladdiad gwirfoddol: elfennau a chymhwyso'r gyfraith, amddiffyniadau colli rheolaeth a chyfrifoldeb lleihaedig

Gwella adolygu

Mae pob amcan asesu yn cael ei asesu yn y testun hwn: **AA1 gwybodaeth**, **AA2 cymhwyso** ac **AA3 dadansoddi a gwerthuso**. Gallai'r testun hwn gael ei osod fel cwestiwn **esbonio**, **cymhwyso** neu **werthuso** ar feysydd gwahanol yn y fanyleb. Efallai bydd angen i chi esbonio'r gwahanol droseddau angheuol (*actus reus* a *mens rea*, ynghyd â chyfraith achosion), a/neu efallai bydd rhaid i chi gymhwyso'r elfennau hyn at senario lle bydd rhaid i chi benderfynu pa drosedd(au) sydd wedi'i chyflawni/wedi'u cyflawni.

Mae'n bosibl mai'r drosedd debygol yw llofruddiaeth, ond bod amddiffyniad arbennig yn lleihau hyn i ddynladdiad gwirfoddol. Efallai fod ail drosedd o ddynladdiad anwirfoddol hefyd oherwydd *novus actus interveniens*, ac efallai bydd angen i chi ei drafod. Neu efallai bydd rhaid i chi **ddadansoddi** a **gwerthuso**'r gyfraith ar droseddau angheuol, drwy ystyried a yw'r gyfraith yn addas i senario neu a oes angen ei diwygio. Mae'n debygol y bydd mwy nag un drosedd angheuol yn ymddangos mewn senario, ac efallai bydd rhaid i chi gyflwyno amddiffyniad cyffredinol neu arbennig hefyd. Mae cyfrifoldeb lleihaedig a cholli rheolaeth yn cael eu trafod yn yr adran hon o'r llyfr.

CYSWLLT

I gael rhagor o wybodaeth am droseddau angheuol, gweler tudalennau 26–35 yn *CBAC Safon Uwch Y Gyfraith Llyfr 2*.

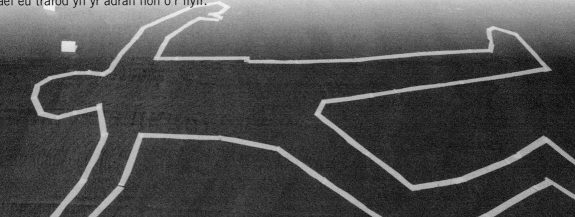

Lluniwch eich nodiadau adolygu o amgylch y canlynol…

Llofruddiaeth

- 'lladd, mewn ffordd anghyfreithlon, unigolyn rhesymol sy'n bodoli o dan Heddwch y Brenin (neu'r Frenhines), gyda malais bwriadus datganedig neu ymhlyg' – Yr Arglwydd Ustus Coke

- Elfennau *actus reus*:
  - Bod dynol: yn annibynnol ar ei fam: **AG's Reference No 3 of 1994**
  - Marwolaeth: **R v Malcherek and Steel (1981)**
  - Achosiaeth ffeithiol: prawf 'pe na bai': **R v White (1910)**; rheol *de minimis*: **Pagett (1983)**
  - Achosiaeth gyfreithiol:
    - rhaid i'r anaf fod yn achos gweithredol a sylweddol y farwolaeth: **R v Smith (1959)**, **R v Jordan (1956)**
    - 'prawf y benglog denau': **R v Blaue (1975)**
    - gweithred ymyrrol ragweladwy: **R v Roberts (1971)**

Crynodeb: Troseddau corfforol angheuol

- Elfennau *mens rea*: malais bwriadus: bwriad o ladd NEU fwriad o achosi niwed corfforol difrifol (*GBH*): **DPP v Smith (1961)**
  - Bwriad uniongyrchol
  - Bwriad anuniongyrchol: **R v Woollin (1998)**: prawf 'bron yn sicr'

Dynladdiad gwirfoddol

- Elfennau llofruddiaeth ac amddiffyniad arbennig: **Deddf Lladdiadau 1957**, **Deddf Crwneriaid a Chyfiawnder 2009**

- Amddiffyniad rhannol:
  - **Colli rheolaeth**: **a54 Deddf Crwneriaid a Chyfiawnder 2009**: Colli rheolaeth, sbardun cymwys, unigolyn rhesymol, baich ar yr erlyniad i wrthbrofi
  - **Cyfrifoldeb lleihaedig**: **a52 Deddf Crwneriaid a Chyfiawnder 2009:** rhaid i annormaledd gweithredu meddyliol, sy'n deillio o gyflwr meddygol cydnabyddedig, fod yn ffactor a gyfrannodd yn sylweddol at y lladd. Rhaid ei fod wedi amharu'n sylweddol ar allu'r diffynnydd i wneud y canlynol:
    - deall natur ei ymddygiad; neu
    - llunio barn resymegol; neu
    - arfer hunanreolaeth
  - **Cytundeb hunanladdiad**

- Baich ar yr amddiffyniad i brofi yn ôl pwysau tebygolrwydd, gan ddefnyddio tystiolaeth arbenigol

Dynladdiad anwirfoddol

- *Actus reus* llofruddiaeth, a naill ai gweithred anghyfreithlon a pheryglus NEU esgeuluster difrifol
  - **Gweithred anghyfreithlon a pheryglus**: elfennau *actus reus* llofruddiaeth

- **Gweithred anghyfreithlon**: gweithred, nid anwaith; gweithred droseddol, nid gweithred sifil
- **Gweithred beryglus**: person rhesymol
- Achosiaeth
- Y *mens rea* yw *mens rea* y weithred anghyfreithlon

Dynladdiad drwy esgeuluster difrifol

- *R v Adomako (1994)*
  - Elfennau *actus reus* llofruddiaeth
  - Dyletswydd gofal
  - Torri'r ddyletswydd gofal honno drwy esgeuluster difrifol
  - Risg marwolaeth

Cyd-destun

Llofruddiaeth yw'r drosedd fwyaf difrifol o holl droseddau lladdiad. Nid yw'r diffiniad o lofruddiaeth wedi'i gynnwys mewn statud; mae'n drosedd cyfraith gyffredin, a rhoddwyd diffiniad ohoni gan yr **Arglwydd Ustus Coke** yn yr ail ganrif ar bymtheg:

'lladd, mewn ffordd anghyfreithlon, unigolyn rhesymol sy'n bodoli o dan Heddwch y Brenin (neu'r Frenhines), gyda malais bwriadus datganedig neu ymhlyg'.

Gweithgaredd 2.1   *Actus reus* llofruddiaeth

Defnyddiwch y geiriau o'r rhestr i lenwi'r bylchau.

Geiriau i'w defnyddio
annibynnol
de minimis
gwenwynodd
heddlu
mân
marw
Pagett
pe na bai
Steel
White
ymennydd

1. Mae bod dynol wedi marw

Mae rhywun yn cyfrif fel bod dynol pan all fodoli yn _____ ar ei fam. Felly, gall rhywun sy'n lladd plentyn yn y groth fod yn atebol yn droseddol o dan y gyfraith, ond nid am drosedd lladdiad. Mae llawer o ddadlau ynghylch ystyr 'marw', ond mae'n ymddangos bod y llysoedd yn ffafrio'r diffiniad bod yr '_____ yn farw'. Cadarnhawyd hyn yn achos *R v Malcherek and* _____ *(1981)*.

Yna mae'n rhaid profi bod y diffynnydd wedi achosi'r farwolaeth mewn ffaith ac mewn cyfraith. Yr enw ar y rhain yw achosiaeth ffeithiol ac achosiaeth gyfreithiol.

Mae **achosiaeth ffeithiol** yn cael ei phenderfynu drwy ddefnyddio'r prawf '_____ '. Mae'r prawf hwn yn gofyn 'pe na bai' am ymddygiad y diffynnydd, a fyddai'r dioddefwr wedi _____ pan wnaeth, ac fel y gwnaeth?
Os 'na' yw'r ateb, yna bydd y diffynnydd yn atebol am y farwolaeth. Mae'r prawf hwn yn cael ei ddangos yn achos *R v* _____ , lle _____ y diffynnydd ei fam ond bu hi farw o drawiad ar y galon cyn i'r gwenwyn gael amser i weithio. Nid oedd y diffynnydd yn atebol am ei marwolaeth.

Rhan arall o achosiaeth ffeithiol yw'r rheol _____ . Mae'r prawf hwn yn mynnu bod rhaid i'r anaf gwreiddiol a achoswyd gan weithred y diffynnydd fod yn fwy na _____ achos marwolaeth. Yr achos enghreifftiol yw *R v* _____ , lle roedd gweithred y diffynnydd yn fwy na mân achos marwolaeth, er bod yr _____ wedi saethu bwledi rhwng yr amser pan wnaeth y diffynnydd saethu, a marwolaeth y dioddefwr.

Parhad

Geiriau i'w defnyddio
achosiaeth
Blaue
dorri
gweithredol
interveniens
Jordan
mae
novus
Smith
sylweddol
trallwysiad gwaed

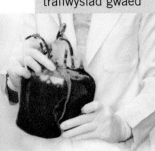

Mae **achosiaeth gyfreithiol** yn gofyn ai'r anaf gwreiddiol ar adeg y farwolaeth yw achos _____ a _____ y farwolaeth o hyd. Mae hyn yn cael ei ddangos yn achos *R v* _____, lle cafodd milwr oedd wedi'i drywanu ei ollwng ddwywaith wrth gael ei gludo i'r ysbyty. Yna roedd oedi cyn iddo weld meddyg, a chafodd driniaeth feddygol wael yn dilyn hyn. Roedd y llys o'r farn nad oedd y ffactorau eraill hyn yn ddigon i _____'r gadwyn _____.

Adeg y farwolaeth, y clwyf gwreiddiol oedd 'achos gweithredol a sylweddol y farwolaeth' o hyd. Roedd canlyniad gwahanol yn achos *R v* _____, lle roedd y clwyf gwreiddiol bron â gwella. Yr enw ar weithred sy'n torri'r gadwyn achosiaeth yw _____ actus _____.

Rhan arall o achosiaeth gyfreithiol yw prawf y 'benglog denau'. Ystyr hyn yw bod rhaid i ddiffynnydd gymryd ei ddioddefwr fel y _____. Felly os yw'r dioddefwr yn marw o ganlyniad i ryw gyflwr corfforol anarferol neu annisgwyl neu gyflwr arall, y diffynnydd, er hynny, sy'n dal yn gyfrifol am ei farwolaeth. Dangosir hyn yn achos *R v* _____. Yn yr achos hwn, trywanodd y diffynnydd fenyw a oedd yn digwydd bod yn Dyst Jehofa. Oherwydd ei chredoau, gwrthododd hi gael _____ a fyddai wedi achub ei bywyd. Dadleuodd y diffynnydd na ddylai ef fod yn gyfrifol am ei marwolaeth, gan y gallai'r trallwysiad fod wedi achub ei bywyd, ac roedd hi wedi ei wrthod. Anghytunodd y llys, gan ddweud bod rhaid iddo gymryd ei ddioddefwr fel y mae.

Gweithgaredd 2.2   Croesair *mens rea* llofruddiaeth

Cwblhewch y pos geiriau gan ddefnyddio'r cliwiau.

Cofiwch fod llythrennau fel Ch, Dd, Th etc. yn cyfrif fel un llythyren yn y Gymraeg.

I Lawr

1. Y gosb ar gyfer llofruddiaeth. [6,2,3]
2. Mae malais bwriadus wedi dod i olygu bwriad o ladd neu o achosi hyn (yr acronym Saesneg). [3]
3. Enw'r prawf ar gyfer bwriad anuniongyrchol. [4,2,4]
4. Cyfieithiad llythrennol o *mens rea*. [5,4]

Ar Draws

5. *Mens rea* llofruddiaeth. [6,8]
6. Y math o fwriad sydd ddim yn uniongyrchol. [13]
7. Enghraifft o ladd sydd ddim yn faleisus ond sy'n bodloni *actus reus* a *mens rea* llofruddiaeth. [9, 11]
8. Enw'r achos lle saethodd dyn ei lystad â gwn fel her. [7]
9. Enw achos sy'n cadarnhau'r prawf ar gyfer bwriad anuniongyrchol. [7]
10. Does dim rhaid i'r lladd fod yn faleisus, nac yn enghraifft o hyn. [9]

Gweithgaredd 2.3

Diwygio a beirniadu euogfarnau am lofruddiaeth

Defnyddiwch y geiriau isod i lenwi'r bylchau er mwyn cwblhau'r crynodeb hwn o faterion sy'n ymwneud ag euogfarnau llofruddiaeth.

Beirniadaethau

1. Y ddedfryd _____ o garchar am oes.

2. Dim diffiniad pendant o'r adeg pan fydd '_____' yn digwydd.

3. Mae bwriad yn cynnwys bwriad o achosi _____, ond mae'r euogfarn yr un peth (_____).

4. Dim diffiniad pendant o fwriad. Problemau yn ymwneud â bwriad _____.

5. Achosion yn ymwneud ag _____.

Geiriau i'w defnyddio
bron yn sicr
marwolaeth
radd
ddewisol
ewthanasia
niwed corfforol difrifol
Gomisiwn y Gyfraith
orfodol x 2
dynladdiad
llofruddiaeth
anuniongyrchol
statudol
gradd

Cynigion ar gyfer diwygio

Mae'r rhain wedi cael eu cynnig gan _____.

1. Tair _____ o laddiad: llofruddiaeth y radd gyntaf, llofruddiaeth yr ail _____ a _____.

2. Dedfrydau gwahanol ar gyfer y tair gradd: _____ o garchar am oes am lofruddiaeth, a dedfryd _____ o garchar am oes am y ddwy radd arall.

3. Rhoi'r gorau i ddefnyddio cyfraith gwlad i ymdrin â bwriad, a defnyddio diffiniad _____ yn ei le. Byddai hyn yn rhoi eglurder wrth ystyried bwriad anuniongyrchol a'r prawf '_____'.

Cyd-destun

Dynladdiad gwirfoddol yw sefyllfa lle mae'r diffynnydd wedi cyflawni llofruddiaeth, ond mae'n dibynnu ar amddiffyniad arbennig yn **Neddf Lladdiadau 1957** a **Deddf Crwneriaid a Chyfiawnder 2009**. Os gellir profi'r amddiffyniad arbennig, bydd y cyhuddiad o lofruddiaeth yn cael ei leihau i ddynladdiad, a bydd gan y barnwr ddewis wrth ddedfrydu'r diffynnydd. Mae baich y prawf ar yr amddiffyniad i brofi bod yr amddiffyniad yn berthnasol i'w hachos nhw.

Dyma'r ddau amddiffyniad arbennig yn y fanyleb:

- Colli rheolaeth
- Cyfrifoldeb lleihaedig

Gweithgaredd 2.4   Dynladdiad gwirfoddol

Copïwch a chwblhewch y tablau i esbonio'r pwyntiau allweddol sy'n ymwneud â dynladdiad gwirfoddol, mewn perthynas â cholli rheolaeth a chyfrifoldeb lleihaedig. Dylech roi o leiaf un achos enghreifftiol ar gyfer pob elfen.

Colli rheolaeth: *a54 Deddf Crwneriaid a Chyfiawnder 2009*

Elfen	Esboniad	Enghraifft o achos
Colli hunanreolaeth		
Sbardun cymwys		
A fyddai person rhesymol arall wedi gweithredu yn yr un modd?		

Cyfrifoldeb lleihaedig: *a52 Deddf Crwneriaid a Chyfiawnder 2009*

Elfen	Esboniad	Enghraifft o achos
Annormaledd gweithredu meddyliol		
Deillio o gyflwr meddygol cydnabyddedig		
Rhaid i'r annormaledd gweithredu meddyliol fod yn ffactor arwyddocaol a gyfrannodd at y lladd		
Rhaid bod yr annormaledd gweithredu meddyliol wedi amharu'n sylweddol ar allu'r diffynnydd i ddeall natur ei ymddygiad; neu lunio barn resymegol; neu arfer hunanreolaeth		

Cyd-destun

Ystyr dynladdiad anwirfoddol yw pan fydd diffynnydd wedi cyflawni *actus reus* llofruddiaeth, ond nid y *mens rea*.

Mae dau fath o ddynladdiad anwirfoddol yn y fanyleb:

1. Dynladdiad drwy weithred anghyfreithlon a pheryglus (dynladdiad drwy ddehongliad).

2. Dynladdiad drwy esgeuluster difrifol.

Gweithgaredd 2.5 — Dynladdiad drwy ddehongliad (dynladdiad drwy weithred anghyfreithlon a pheryglus)

Llenwch y bylchau gan ddefnyddio'r rhestr ar y chwith.

Actus reus dynladdiad drwy ddehongliad yw gweithred anghyfreithlon, yn hytrach nag _____ yn unig (*R v Lowe*). Hefyd, rhaid i'r weithred fod yn un droseddol yn hytrach nag un _____, fel y penderfynwyd yn achos *R v* _____. Rhaid i'r weithred fod yn beryglus hefyd, yn ôl safonau 'unigolyn _____'. Cafodd hyn ei benderfynu yn achos *R v* _____.

Rhaid bod gan y diffynnydd yr un wybodaeth â pherson sobr a rhesymol. Yn achos *R v Dawson*, dyn 60 oed gyda chyflwr difrifol ar ei galon oedd y dioddefwr. Doedd dim posibl i'r diffynyddion na rhywun sobr a rhesymol wybod hyn. Felly, doedd y weithred ddim yn _____ bod yn un beryglus. Ond yn achos *R v* _____, roedd y dioddefwr yn ddyn 87 oed. Barnodd y llys y dylid disgwyl, o fewn rheswm, i'r diffynyddion wybod y byddai'r dyn yn fregus ac yn hawdd ei ddychryn; felly roedd y weithred _____ un beryglus.

Yna, rhaid sefydlu mai'r weithred anghyfreithlon a pheryglus oedd _____ y farwolaeth. Os bydd y dioddefwr yn ymyrryd yn y gadwyn achosiaeth drwy weithred _____, yna bydd hyn yn ddigon i _____ 'r gadwyn achosiaeth – er enghraifft, yn *R v Cato*. Y *mens rea* ar gyfer y drosedd hon yw *mens rea* y weithred _____. Er enghraifft, os oedd y weithred anghyfreithlon yn dod o *a18 Deddf Troseddau Corfforol 1861*, yna _____ fyddai'r *mens rea*.

Geiriau i'w defnyddio
- dorri
- gallu
- achos
- Church
- sifil
- Franklin
- bwriad
- anwaith
- rhesymol
- anghyfreithlon
- wirfoddol
- yn
- Watson

Gweithgaredd 2.6 — Chwilair dynladdiad drwy esgeuluster difrifol

Chwiliwch am y geiriau allweddol sy'n gysylltiedig â dynladdiad drwy esgeuluster difrifol yn y chwilair.

Geiriau i'w canfod

ADOMAKO
ANAESTHETEGYDD
TORRI
DIFATERWCH
DYLETSWYDD GOFAL
DIFRIFOL
ESGEULUSTER
EGWYDDOR Y CYMYDOG
COSB
RISG O FARWOLAETH

```
O U J R P T I F G W I R J C B A P T D P
R I S G O F A R W O L A E T H J U R E J
U T U T F W R P R Y A J F G G J R D S G
L L T B I B M J R O H Y W B I G E I J E
F J J J G I P O T O T R T U N A T F B T
D D Y G E T E H T S E A N A H R S R N T
E G W Y D D O R Y C Y M Y D O G U I P L
H E G D I F A T E R W C H B J U L F U S
O K A M O D A J O J F H B Y G B U O W H
N L H M Y P T M T U P A G C L S E L R B
W G J M B Y F S I O H T R M Y O G W I G
L A F O G D D Y W S T E L Y D C S G G T
A O T B P T U L R D D E H B G O E H P E
```

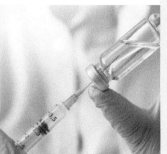

Nawr rhowch ddiffiniad ar gyfer pob un o'r geiriau yn y chwilair, mewn perthynas â dynladdiad drwy esgeuluster difrifol.

Esgeuluster	
Cosb	
Difrifol	
Dyletswydd gofal	
Egwyddor y cymydog	
Torri	
Adomako	
Anaesthetegydd	
Risg o farwolaeth	
Difaterwch	

Cyd-destun

Wrth gymhwyso'r gyfraith yn ymwneud â throseddau angheuol, rydych yn debygol o gael senario sy'n cynnwys mwy nag un drosedd, neu'r posibilrwydd o fwy nag un drosedd. Bydd angen i chi ymdrin â phob trosedd yn ei thro, gan nodi beth yw'r drosedd berthnasol, esbonio a chymhwyso yr *actus reus* a'r *mens rea* er mwyn dod i gasgliad ynghylch a gafodd y drosedd ei chyflawni. Mae amddiffyniadau arbennig yn debygol o ymddangos, ac mae angen i chi ddeall goblygiadau defnyddio un o'r rhain. Efallai bydd angen i chi ystyried rhai amddiffyniadau cyffredinol fel meddwdod hefyd, sy'n cael eu hystyried mewn pennod ddiweddarach.

Gweithgaredd 2.7   Pa drosedd? Paratoi i gymhwyso

Copïwch a llenwch y tablau i grynhoi pwyntiau allweddol y senarios.

Senario enghreifftiol 1

Roedd elusen sy'n helpu cyn-droseddwyr wedi dechrau adnewyddu hen dŷ mewn maestref gyfoethog, a'i droi'n hostel i gyn-garcharorion. Roedd llawer o'r bobl oedd yn byw gerllaw yn gwrthwynebu'r hostel, gan eu bod yn ofni y byddai ei bresenoldeb yn effeithio ar werth eu tai eu hunain ac yn eu gwneud yn fwy anodd eu gwerthu. Penderfynodd un o'r trigolion lleol, David, weithredu ei hun. Pan oedd hi'n dywyll, torrodd i mewn i'r hostel a dechrau difrodi'r gwaith adnewyddu a thaflu paent dros y waliau. Yn sydyn, ymddangosodd Marla, un o weithwyr yr elusen, gyda'i ffôn symudol yn ei llaw, yn barod i ffonio'r heddlu. Er mwyn ei hatal, dyma David yn ei bwrw hi mor galed ag y gallai, gan ei tharo'n anymwybodol. Gan feddwl ei fod wedi'i lladd hi, ceisiodd David wneud iddi edrych fel petai Marla wedi marw mewn ymosodiad llosgi bwriadol. Rhoddodd bentwr o garpiau ar dân, cyn rhedeg o'r adeilad wrth iddo losgi. Ond roedd ffôn Marla wedi cysylltu â'r gwasanaethau argyfwng yn barod cyn iddi gael ei tharo'n anymwybodol, ac roedd yr ambiwlans a'r frigâd dân yno ymhen munudau. Cafodd Marla ei chario allan o'r adeilad yn fyw, ond cafodd ei lladd ar ôl i'r ambiwlans gael damwain ffordd ddifrifol wrth fynd â hi i'r ysbyty.

Cynghorwch David ynghylch a allai fod yn atebol yn droseddol am farwolaeth Marla, gan gymhwyso eich gwybodaeth a'ch dealltwriaeth o reolau ac egwyddorion cyfreithiol. (Deunyddiau Asesu Enghreifftiol manyleb newydd CBAC)

Person / digwyddiad	Trosedd	*Actus reus*	*Mens rea*	Achosion	Amddiffyniad posibl neu faterion eraill (e.e. achosiaeth)

Senario enghreifftiol 2

Roedd Jason yn gyrru ar hyd traffordd pan gafodd ei orfodi yn sydyn i dynnu i'r ochr i'r llain galed, er mwyn osgoi cael ei daro gan fan oedd yn cael ei gyrru gan Brian. Wedi gwylltio'n lân, gyrrodd Jason ar ôl y fan a'i tharo'n galed o'r tu ôl. Achosodd y gwrthdrawiad i Brian golli rheolaeth ar y fan a tharo yn erbyn piler concrit un o bontydd y draffordd. Cafodd anafiadau difrifol i'w ben a'i frest. Cyrhaeddodd y gwasanaethau brys y safle bron yn syth, a chafodd yr ambiwlans awyr ei alw i fynd â Brian i'r ysbyty mewn hofrennydd. Cafodd Brian ei roi yn yr hofrennydd dan ofal Amy, parafeddyg, a rhoddodd hithau ocsigen iddo trwy gydol y daith awyr. Ond wrth i'r hofrennydd ddod i lawr i lanio, dechreuodd cyflwr Brian waethygu'n gyflym. A hithau mewn panig, cynyddodd Amy lif yr ocsigen roedd Brian yn ei gael. Dyna'r peth anghywir i'w wneud, a bu farw Brian yn ddiweddarach o gyfuniad o anafiadau o'r ddamwain a'r lefel ormodol o ocsigen yn ei ymennydd.

Yng ngoleuni cyfraith achosion cofnodedig a ffynonellau eraill y gyfraith, ystyriwch a allai Jason fod yn atebol yn droseddol am farwolaeth Brian. (CBAC LA3, Mehefin 2014)

Person / digwyddiad	Trosedd	*Actus reus*	*Mens rea*	Achosion	Amddiffyniad posibl neu faterion eraill (e.e. achosiaeth)

Senario enghreifftiol 3

Doedd Anna ddim yn hoffi ei chymdoges Sal, oherwydd roedd yn credu bod Sal yn gyfrifol am ladd ei chwningen. Roedden nhw wedi bod yn dadlau ers rhyw flwyddyn. Penderfynodd Anna ladd Sal, gan ei gwahodd i'w thŷ ac esgus ei bod am gymodi â hi a dod yn ffrindiau eto. Pan gyrhaeddodd Sal, ymosododd Anna arni a'i tharo ar ei phen sawl gwaith gyda ffon hoci. Gan feddwl bod Sal wedi marw, lapiodd hi mewn sach gysgu a gyrrodd at bentref cyfagos, lle taflodd hi gorff Sal i mewn i bwll dŵr.

Rai munudau yn ddiweddarach, gwelodd PC Dollard, oedd ar batrôl, gorff Sal yn arnofio yn y pwll a chysylltodd â'r gwasanaeth ambiwlans ar unwaith. Cafodd Sal ei chludo ar frys i'r ysbyty ond ar y ffordd fe darodd yr ambiwlans yn erbyn gwartheg oedd wedi crwydro i'r ffordd. Cafodd Sal ei thaflu o'r ambiwlans a thorrodd ei braich. Pan gyrhaeddodd yr ysbyty yn y pen draw, rhoddodd y meddyg a oedd wedi ei harchwilio, Dr Peters, driniaeth i fraich Sal, ond ni sylwodd ar ei thorasgwrn penglog yn dilyn ymosodiad Anna. Bu farw Sal yn ddiweddarach y noson honno.

Yng ngoleuni cyfraith achosion cofnodedig a ffynonellau cyfreithiol eraill, ystyriwch a allai Anna fod yn atebol yn droseddol am farwolaeth Sal. (CBAC LA3, Mehefin 2017)

Parhad

Person / digwyddiad	Trosedd	*Actus reus*	*Mens rea*	Achosion	Amddiffyniad posibl neu faterion eraill (e.e. achosiaeth)

2.1 Cwestiynau cyflym

1. Beth yw **amddiffyniad arbennig** a beth yw ei effaith?
2. Beth yw'r ddedfryd am lofruddiaeth?
3. Beth yw *actus reus* llofruddiaeth?
4. Pryd bydd unigolyn yn dod yn **fod dynol** yng ngolwg y gyfraith?
5. Pa ddeddf wnaeth ddiwygio amddiffyniad cythruddiad?
6. Beth yw elfennau dynladdiad drwy esgeuluster difrifol?
7. Beth yw *mens rea* dynladdiad drwy ddehongliad?
8. Beth yw'r gyfraith bresennol ar fwriad anuniongyrchol am lofruddiaeth? Enwch achos cysylltiedig.
9. Rhestrwch y prif broblemau sy'n ymwneud â'r gyfraith ar laddiad.
10. Nodwch dair ffordd gallai'r gyfraith ar laddiad gael ei diwygio a'i gwella.

Troseddau eiddo

Yn y fanyleb	Yn yr adran hon bydd myfyrwyr yn datblygu eu gwybodaeth am y canlynol:
CBAC Safon Uwch 3.15: Troseddau eiddo	• Dwyn a lladrad: *actus reus* (perchnogi, eiddo, sy'n perthyn i rywun arall), *mens rea* (anonestrwydd, bwriad o amddifadu'n barhaol) (*a1 Deddf Dwyn 1968*)
	• Lladrad: dwyn gan ddefnyddio neu fygwth defnyddio grym (*a8 Deddf Dwyn 1968*)
	• Bwrgleriaeth: elfennau o *a9(1)(a)* ac *a9(1)(b) Deddf Dwyn 1968*, bwrgleriaeth mewn anheddau ac adeiladau eraill

CYSWLLT

I gael rhagor o wybodaeth am droseddau eiddo, gweler tudalennau 36–47 yn *CBAC Safon Uwch Y Gyfraith Llyfr 2.*

Gwella adolygu

Mae pob amcan asesu yn cael ei asesu yn y testun hwn: **AA1 gwybodaeth**, **AA2 cymhwyso** ac **AA3 dadansoddi a gwerthuso**. Gallai'r testun hwn gael ei osod fel cwestiwn **esbonio**, **cymhwyso** neu **werthuso** ar feysydd gwahanol yn y fanyleb. Efallai bydd rhaid i chi esbonio'r gwahanol droseddau eiddo (*actus reus* a *mens rea*, ynghyd â chyfraith achosion) a/neu efallai bydd rhaid i chi gymhwyso'r elfennau hyn at senario lle cafodd mwy nag un o droseddau eiddo eu cyflawni.

Neu, efallai bydd rhaid i chi **ddadansoddi** a **gwerthuso**'r troseddau eiddo, ac ystyried a yw'r gyfraith yn addas neu a oes angen ei diwygio. Mae'n debygol y bydd mwy nag un drosedd eiddo yn ymddangos mewn senario, ac efallai bydd rhaid i chi gyflwyno amddiffyniad cyffredinol hefyd.

Lluniwch eich nodiadau adolygu o amgylch y canlynol...

- **Dwyn:** *a1 Deddf Dwyn 1968*
  - Dedfryd uchaf: saith mlynedd o garchar
  - Trosedd sy'n brofadwy neillffordd
  - *Actus reus*:
    - *a3*: Perchnogi: bwndel o hawliau: *R v Morris (1923)*, *Lawrence v MPC (1972)*, *R v Gomez (2000)*, *R v Hinks (2000)*
    - *a4*; Eiddo tirol, eiddo anghyffwrdd, pethau mewn achos, pethau na ellir eu dwyn: *Oxford v Moss (1979)*
    - *a5*: Yn perthyn i rywun arall: meddiant neu reolaeth, hawl neu fudd perchnogaeth, ei eiddo ei hun (*R v Turner No.2 (1971)*), rhwymedigaeth i ddefnyddio mewn ffordd benodol, camgymeriad
  - *Mens rea*:
    - Anonestrwydd: *a2* a phrawf *Ghosh*
    - Bwriadu amddifadu'n barhaol: *a6*: *Lloyd (1985)*, *Velumyl (1989)*

- **Lladrad:** *a8 Deddf Dwyn 1968*
  - Dedfryd uchaf: carchar am oes
  - Trosedd dditiadwy
  - *Actus reus*:
    - *Actus reus* dwyn: *a1 Deddf Dwyn 1968*
    - Defnyddio grym neu fygwth grym er mwyn dwyn: *Corcoran v Anderton (1980)*, *Dawson and James (1976)*, *Clouden (1987)*
    - Yn syth cyn dwyn neu ar yr un pryd: *Hale (1979)*
    - Ar unrhyw berson
  - *Mens rea*:
    - *Mens rea* dwyn
    - Bwriad o ddefnyddio grym er mwyn dwyn

- **Bwrgleriaeth:** *a9(1)(a)* ac *a9(1)(b) Deddf Dwyn 1968*
  - Dedfryd uchaf: 14 blynedd o garchar
  - Trosedd sy'n brofadwy neillffordd
  - **Bwrgleriaeth o dan *a9(1)(a)*:** mae rhywun yn euog os yw'n mynd i mewn i adeilad, neu unrhyw ran o adeilad, fel tresmaswr, gyda'r bwriad o ddwyn, achosi niwed corfforol difrifol i unrhyw un yn yr adeilad neu ddifrod troseddol
  - *Actus reus*:
    - Mynd i mewn: *R v Collins (1973)*, *R v Brown (1985)*, *Ryan (1996)*
    - i adeilad (*B and S v Leathley (1979)*) neu ran o adeilad (*Walkington (1979)*)
    - fel tresmaswr (*Walkington (1979)*), caniatâd i fynd i mewn (*Collins (1972)*, *Smith and Jones (1976)*)
  - *Mens rea*:
    - Bwriad neu fyrbwylltra i dresmasu
    - Bwriad dirgel: bwriad o ddwyn, achosi niwed corfforol difrifol neu ddifrodi'r adeilad neu ei gynnwys

- **Bwrgleriaeth o dan *a9(1)(b)*:** mae rhywun yn euog os yw, ar ôl mynd i mewn i adeilad neu ran o adeilad fel tresmaswr, yn dwyn neu'n ceisio dwyn unrhyw beth yn yr adeilad, neu'n achosi neu'n ceisio achosi niwed corfforol difrifol i unrhyw un yn yr adeilad.
- ***Actus reus*:**
  - Mynd i mewn: *R v Collins (1973)*, *R v Brown (1985)*, *Ryan (1996)*
  - I adeilad (*B and S v Leathley (1979)*) neu ran o adeilad (*Walkington (1979)*)
  - Fel tresmaswr (*Walkington (1979)*), caniatâd i fynd i mewn (*Collins (1972)*, *Smith and Jones (1976)*)
  - *Actus reus* dwyn neu niwed corfforol difrifol, neu ymgais i ddwyn neu achosi niwed corfforol difrifol y tu mewn iddo
- ***Mens rea*:**
  - Bwriad neu fyrbwylltra i dresmasu
  - *Mens rea* dwyn neu niwed corfforol difrifol, neu ymgais i ddwyn neu achosi niwed corfforol difrifol y tu mewn iddo

Cyd-destun

Dwyn

Ar lefel U2, mae testun **troseddau eiddo** yn trafod tair trosedd wahanol:

- dwyn
- lladrad
- bwrgleriaeth.

Cyn *Deddf Dwyn 1968*, roedd y maes hwn wedi'i gynnwys o fewn cyfraith gwlad/cyfraith gyffredin, ac roedd yn gymhleth. I bob pwrpas, roedd *Deddf Dwyn 1968* yn codeiddio cyfraith rhai troseddau eiddo. Ond mae'r gyfraith wedi parhau i esblygu wrth i farnwyr ddehongli gwahanol rannau o'r Ddeddf wrth benderfynu achosion perthnasol. Ers Deddf wreiddiol 1968, mae dau ddiweddariad statudol arall wedi bod – *Deddf Dwyn 1978* a *Deddf Dwyn (Diwygio) 1996*, sy'n diwygio Deddfau 1968 ac 1978.

Mae *a1 Deddf Dwyn 1968* yn rhoi'r diffiniad canlynol o ddwyn:

'Mae rhywun yn euog o ddwyn os yw'n perchnogi eiddo rhywun arall yn anonest, gyda'r bwriad o amddifadu'r llall ohono yn barhaol...'

Dyma *actus reus* dwyn:

- Perchnogi (*a3*)
- Eiddo (*a4*)
- Yn perthyn i rywun arall (*a5*)

Dyma ***mens rea* dwyn:**

- Anonestrwydd (*a2*) a phrawf **Ghosh** ac *Ivey v Genting Casinos*
- Y bwriad o amddifadu'n barhaol (*a6*)

Y ddedfryd uchaf am ddwyn yw saith mlynedd o garchar.

Gweithgaredd 2.8 — *Actus reus* dwyn – 'perchnogi'

Rhowch y geiriau sydd ar goll yn y bylchau i esbonio perchnogi.

Mae'r elfen hon wedi'i diffinio yn **a3(1) Deddf Dwyn**   :

'Mae unrhyw _____ gan unigolyn o hawliau _____ yn gyfystyr â pherchnogi, ac mae hyn yn cynnwys pan fydd wedi cael gafael ar yr eiddo (yn _____ neu beidio) heb ei ddwyn, unrhyw ragdybiaeth ddiweddarach o hawl iddo drwy ei _____ neu ei drin fel ei berchennog.'

Ystyr hyn yw bod y diffynnydd wedi mynd ati'n gorfforol i gymryd gwrthrych oddi wrth ei berchennog (er enghraifft, bag llaw neu gyfrifiadur tabled). Mae'r diffynnydd yn **rhagdybio rhai neu'r cyfan o'i hawliau.** Mae'r agwedd hon wedi cael ei dehongli yn eang ac mae'n cynnwys rhagdybio unrhyw un o hawliau'r perchennog (e.e. symud, _____, dinistrio neu werthu. Mewn geiriau eraill, mae'r diffynnydd yn gwneud rhywbeth â'r eiddo sy'n hawl i'r perchennog a neb arall ei wneud heb ganiatâd y perchennog (' _____ o hawliau'). Mae un hawl yn ddigonol, fel sydd i'w weld yn *R v* _____ *(1923)*, pan newidiodd y diffynnydd label y pris ar eitem, gyda'r bwriad o dalu'r pris _____ . Er na lwyddodd i gyrraedd y til, roedd y ffaith iddo newid y pris a rhoi'r nwyddau yn ei droli yn cael ei ystyried yn weithred o ' _____ ', gan fod gan berchennog hawl i brisio ei nwyddau ei hun.

Mae **Adran 3(1)** hefyd yn ymdrin â sefyllfaoedd lle nad yw rhywun yn dwyn eiddo (e.e. mae rhywun yn cael benthyg breichled gan ei ffrind) ond yna mae'n rhagdybio hawliau'r perchennog drwy wrthod ei ddychwelyd. Mae'r 'perchnogi' yn digwydd unwaith y bydd yr unigolyn yn penderfynu ei _____ .

Gall perchnogi ddigwydd hyd yn oed os yw'r dioddefwr yn cydsynio i'r eiddo gael ei gymryd, fel yn achos _____ *v MPC (1972)*. Cafodd yr egwyddor hon ei dilyn yn achos *R v* _____ *(2000)*.

Yn achos *R v Hinks (2000)*, cadarnhawyd cyhuddiad y diffynnydd o ddwyn, er mai rhodd a gafodd, gan fod y diffynnydd wedi 'perchnogi' yr arian. Mantais y rheol hon yw ei bod yn amddiffyn pobl sy'n _____ .

Gweithgaredd 2.9 — *Actus reus* dwyn – 'eiddo'

Defnyddiwch y geiriau yn y rhestr i gwblhau'r esboniad o 'eiddo' mewn perthynas â dwyn.

Mae'r elfen hon wedi'i diffinio yn *a4 Deddf Dwyn 1968*:

'Mae eiddo yn cynnwys arian a phob eiddo arall, yn eiddo tirol neu bersonol, gan gynnwys _____ mewn _____ a mathau eraill o eiddo _____.'

Gall diffinio 'eiddo' ymddangos yn hawdd ar yr olwg gyntaf, ond mae'n rhaid ystyried rhai materion yn fwy manwl.

Pethau sy'n gallu cael eu dwyn

Mae'r pethau canlynol yn cael eu cyfrif yn eiddo:

* _____ (ei fodolaeth materol yn hytrach na'i werth)
* Eiddo personol.
* Eiddo _____.
* Pethau mewn achos.

Mae **eiddo tirol** yn cynnwys tir ac adeiladau, er bod *a4(2)* yn datgan nad yw fel arfer yn bosibl dwyn tir a phethau sy'n ffurfio rhan o'r tir ac sy'n cael eu _____ oddi wrtho (e.e. blodau, cnydau a gasglwyd), ac eithrio yn yr amgylchiadau sydd wedi'u nodi yn *a4(2)*.

Ystyr _____ **anghyffwrdd** yw eiddo haniaethol sydd ddim yn bodoli mewn ystyr diriaethol neu _____, fel patent neu hawlfraint.

Geiriau i'w defnyddio
achos
chose
trydan
wybodaeth
anghyffwrdd
deallusol
arian
Oxford
gorfforol
eiddo
tirol
torri
pethau
wastraffu

Mae **'peth mewn achos'** (neu '_____ **mewn achos'**, o'r Ffrangeg) yn derm technegol am eiddo sydd ddim yn bodoli ar ffurf ddiriaethol neu faterol, ond sy'n rhoi hawliau cyfreithiol gorfodadwy i'r perchennog. Mae enghreifftiau yn cynnwys cyfrif banc mewn credyd (lle mae'r banc yn gwrthod rhoi arian y cwsmer iddo), neu fuddsoddiadau, cyfranddaliadau ac eiddo _____ fel hawliau patent. Mae gan bobl hawliau cyfreithiol dros y pethau hyn, er nad ydyn nhw'n gallu gafael ynddyn nhw â'u dwylo.

Fodd bynnag, mae'r llysoedd wedi penderfynu nad yw rhai pethau yn 'eiddo' yn ôl y diffiniad hwn. Yn _____ *v Moss (1979)*, cadarnhaodd y llys nad oedd edrych ar gwestiynau papur arholiad heb ei agor yn gyfystyr â dwyn, gan nad oedd y cwestiynau yn 'eiddo' ond yn hytrach yn '_____'.

Mae _____ yn cael ei drin ar wahân o dan y Ddeddf. Mae'n cael ei ystyried yn eiddo anghyffwrdd sydd ddim yn gallu cael ei ddwyn. Ond os bydd rhywun (*a11*) 'yn defnyddio trydan yn anonest a heb awdurdod, neu yn peri i drydan gael ei _____ neu ei ddargyfeirio mewn ffordd anonest', gall fod yn gyfrifol am gyflawni trosedd.

Parhad

Pethau sydd ddim yn gallu cael eu dwyn

Mae'r pethau sydd ddim yn gallu cael eu dwyn wedi eu nodi yn adrannau *4(3)* a *4(4)* y Ddeddf, gan ymdrin â sefyllfaoedd lle mae pobl yn casglu madarch, blodau, ffrwythau neu ddail sy'n tyfu'n _____ ar dir. Nid yw hyn i gael ei drin fel achos o ddwyn oni bai iddo gael ei wneud i werthu neu ennill gwobr neu unrhyw bwrpas masnachol arall (*a4(3)*). Mae **adran 4(4)** yn ymwneud ag anifeiliaid gwyllt, wedi eu dofi neu heb eu dofi.

Fel arfer, nid yw'n bosibl dwyn corff dynol. Yn achos *R v Kelly and Lindsay (1998)*, penderfynodd y llys, er nad yw corff marw yn eiddo fel arfer, y gallai rhannau'r corff yn yr achos hwn fod yn eiddo gan fod 'eu cymeriad sylfaenol a'u _____ wedi newid'.

Gweithgaredd 2.10   *Actus reus* dwyn – 'yn perthyn i rywun arall'

Defnyddiwch y geiriau yn y rhestr i gwblhau'r esboniad o 'yn perthyn i rywun arall' mewn perthynas â dwyn.

Mae'r elfen hon wedi'i diffinio yn *a5 Deddf* _____ *1968*:

'*Ystyrir bod eiddo yn perthyn i unrhyw un sydd â'r eiddo yn ei _____ neu dan ei reolaeth, neu sydd ag unrhyw hawl neu fudd perchnogol drosto.*'

Mae'n cynnwys sefyllfaoedd pan fydd unigolyn yn _____ ar yr eiddo, ond hefyd pan fydd ganddo **berchenogaeth neu reolaeth** drosto neu hawl neu fudd _____ **drosto**. Mae'n cynnwys eiddo sy'n perthyn i rywun arall o dan _____, ac mae hefyd yn cwmpasu meddiant yn unig heb hawliau perchenogaeth. Er enghraifft, nid yw siwt briodas wedi'i llogi yn berchen i'r unigolyn sy'n ei llogi, ond mae gan yr unigolyn hwnnw reolaeth o'r siwt ar yr adeg pan fydd yn ei feddiant. Os bydd rhywun yn cymryd y siwt honno gan y llogai (y person a wnaeth ei llogi), gellir dweud ei fod wedi perchnogi'r eiddo sy'n perthyn i'r llogai, er nad y _____ sy'n berchen ar y siwt mewn gwirionedd.

Felly, gall rhywun fod yn **atebol am ddwyn ei eiddo ei hun.** Yn achos *R v _____ No.2 (1971)*, roedd Turner wedi mynd â'i gar i'r garej i'w _____. Ar ôl i'r gwaith gael ei gwblhau, gyrrodd y car o'r lle roedd wedi ei barcio y tu allan i'r garej, heb dalu. Roedd y car 'ym meddiant' y garej ar yr adeg pan gymerodd ef y car, ac felly roedd yn _____ am ddwyn ei gar ei hun.

Hyd yn oed os yw rhywun yn cael gafael ar eiddo yn gyfreithlon, mae **rhwymedigaeth o hyd i'w ddefnyddio mewn ffordd** _____ o dan *a5(3)*. Er enghraifft, pe baech chi'n rhoi taliad i'ch darlithydd i brynu llyfr ond bod y darlithydd yn gwario'r arian hwnnw ar daith i'r dosbarth, ni fyddai'r darlithydd wedi 'defnyddio'r arian yn y ffordd gywir', ac felly byddai hyn yn achos o ddwyn.

Beth am sefyllfaoedd lle mae eiddo yn cael ei drosglwyddo i'r diffynnydd drwy _____, – gordaliad cyflog, er enghraifft? Yn ôl *Adran 5(4)*, dylai'r eiddo sy'n cael ei drosglwyddo i'r diffynnydd drwy gamgymeriad gael ei drin fel petai'n 'perthyn' i'r perchennog gwreiddiol. Felly, unwaith bydd y diffynnydd yn dod yn ymwybodol o'r camgymeriad ac yn gwrthod dychwelyd yr eiddo, bydd hyn yn achos o ddwyn. Rhaid i'r methiant i ddychwelyd yr eiddo, ar ôl sylweddoli bod camgymeriad wedi ei wneud, fod yn _____ (gweler *Attorney General's* _____ *(No 1 of 1983) (1985)*).

Gweithgaredd 2.11 *Mens rea* dwyn

Cofiwch fod llythrennau fel Ch, Dd, Th etc. yn cyfrif fel un llythyren yn y Gymraeg.

I Lawr

1. Yn ogystal â 'bwriad o amddifadu'n barhaol', mae angen profi hyn ar gyfer *mens rea* dwyn. [11]

2. Acronym Saesneg am 'gymryd heb gydsyniad' (*taking without consent*). [4]

3. Enw'r casino mewn achos diweddar yn diweddaru prawf Ghosh. [7]

4. Enw'r achos lle cafodd y diffynnydd ei ddyfarnu'n euog ar ôl cymryd arian o sêff ei gyflogwr, er ei fod yn bwriadu ei ddychwelyd y diwrnod wedyn. [7]

Ar Draws

3. Os nad yw adran 2 yn gymwys, mae cyfraith achosion o'r achos hwn yn gymwys. [5]

5. Mae'n rhaid i'r bwriad o amddifadu rhywun o'i eiddo o dan adran 6 y Ddeddf Dwyn fod yn hyn. [7]

6. Mae bwriad bob amser fel hyn. [8]

7. Enw'r achos lle barnodd y llys y gallai benthyca gael ei gyfrif o dan adran 6 os oedd yr eiddo wedi'i fenthyg 'nes bod y daioni, y rhinwedd, a'r gwerth ymarferol… wedi ymadael yn llwyr â'r eitem dan sylw.' [5]

8. Y term sy'n cael ei ddefnyddio am yrru car heb gydsyniad y perchennog, heb ei gadw'n barhaol (*joyriding*) [5,4]

Cyd-destun

Lladrad

Mae'r drosedd hon yn debyg i ddwyn, ond mae'n cynnwys y defnydd o **rym** wrth gyflawni'r dwyn.

Mae lladrad wedi'i ddiffinio yn **a8(1) Deddf Dwyn 1968**.

'Mae rhywun yn euog o ladrad os yw'n dwyn, ac yn syth cyn y dwyn neu ar yr un pryd, ac er mwyn dwyn, yn defnyddio grym ar unrhyw unigolyn neu'n ceisio codi ofn ar unrhyw unigolyn drwy fygwth defnyddio grym yn ei erbyn.'

Mae'n drosedd dditiadwy felly bydd yn mynd ar brawf drwy dditiad yn Llys y Goron. Mae'n drosedd fwy difrifol na dwyn. Gall euogfarn arwain at ddedfryd uchaf o garchar am oes.

Gweithgaredd 2.12   *Actus reus* a *mens rea* lladrad

Defnyddiwch y cliwiau yn y tabl i esbonio'r agweddau gwahanol ar ladrad.

Actus reus	Esboniad gydag awdurdod cyfreithiol i'w gefnogi
Perchnogi	Mae'r elfen hon wedi'i diffinio yn **a3(1) Deddf Dwyn 1968** … Ystyr hyn yw bod y diffynnydd wedi … Mae'r agwedd hon wedi cael ei dehongli yn eang ac mae'n cynnwys … Mae un hawl yn ddigonol – **R v Morris (1923)**. Yn yr achos hwn … Mae Adran 3(1) hefyd yn ymdrin â sefyllfaoedd lle … Gall perchnogi ddigwydd hyd yn oed os … fel yn achos **Lawrence v MPC (1972)**. Dywedodd Is-Iarll Dilhorne: … Dywedodd yr Arglwydd Ustus Keith: … Yn achos **R v Hinks (2000)** …
Eiddo	Mae'r elfen hon wedi'i diffinio yn **a4 Deddf Dwyn 1968** … Gall diffinio eiddo ymddangos yn hawdd ar yr olwg gyntaf, ond mae'n rhaid ystyried rhai materion yn fwy manwl. Mae pethau sy'n gallu cael eu dwyn … Mae eiddo tirol yn cynnwys tir ac adeiladau, er bod **a4(2)** yn datgan … Ystyr eiddo anghyffwrdd yw … Mae 'peth mewn achos' (neu '*chose* mewn achos') … Er enghraifft… Fodd bynnag, mae'r llysoedd wedi penderfynu nad yw rhai pethau yn 'eiddo' yn ôl y diffiniad hwn. Yn achos **Oxford v Moss (1979)** … Mae trydan yn cael ei drin ar wahân o dan y Ddeddf. Mae'n cael ei ystyried yn … Mae rhai pethau sydd ddim yn gallu cael eu dwyn. Mae'r rhain wedi'u nodi yn adrannau **4(3)** a **4(4)** y Ddeddf ac maen nhw'n ymdrin â sefyllfaoedd lle … Fel arfer, nid yw'n bosibl dwyn corff dynol. Ond yn achos **R v Kelly and Lindsay (1998)** penderfynodd y llys …
Yn perthyn i rywun arall	Mae'r elfen hon wedi'i diffinio yn **a5 Deddf Dwyn 1968** … Mae'n cynnwys sefyllfaoedd pan fydd yr unigolyn yn berchen ar yr eiddo, ond hefyd … Er enghraifft, nid yw siwt briodas wedi'i llogi … Felly, gall rhywun fod yn atebol am ddwyn ei eiddo ei hun (**R v Turner No.2 (1971)**). Yn yr achos hwn … Hyd yn oed os yw rhywun yn cael gafael ar eiddo yn gyfreithlon, mae rhwymedigaeth o hyd i'w ddefnyddio mewn ffordd arbennig. Yn ôl **Adran 5(3)** … Er enghraifft … Yn achos **Hall (1972)** … Yn ôl **Adran 5(4)**, mae eiddo sy'n cael ei drosglwyddo i'r diffynnydd drwy gamgymeriad yn …

Actus reus	Esboniad gydag awdurdod cyfreithiol i'w gefnogi
Grym neu fygwth grym	Yr elfen hon sy'n gwahaniaethu rhwng lladrad a dwyn. Mae enghreifftiau o 'rym' yn cynnwys …
	Mae bygwth grym yn ddigonol hefyd – er enghraifft …
	Unwaith bydd y weithred o ddwyn yn gyflawn, mae hyn yn cyfrif fel lladrad. Cafodd hyn ei gadarnhau yn achos *Corcoran v Anderton (1980)*. Yn yr achos hwn …
Er mwyn dwyn	Mater i'r rheithgor yw penderfynu a oes grym (neu fygwth grym) digonol i ddwyn. Gall gynnwys ychydig iawn o rym, fel y cadarnhaodd achosion …
	Gall grym gael ei ddefnyddio yn anuniongyrchol yn erbyn y dioddefwr – er enghraifft …
	Fodd bynnag, efallai na fydd yn cael ei ystyried yn 'rym' digonol ar gyfer lladrata os …
	Nid yw'n ofynnol i'r grym …
	Mae'n bwysig cofio bod rhaid defnyddio'r grym (neu fygwth ei ddefnyddio) er mwyn dwyn. Er enghraifft, os bydd diffynnydd yn gwthio menyw i'r llawr gan fwriadu ei threisio, ac …
Yn syth cyn dwyn neu ar yr un pryd	Mae'r cwestiwn ynglŷn ag union ystyr 'yn syth cyn' wedi cael ei drafod yn y llysoedd. Cadarnhaodd y llysoedd yn …
	Yn yr achos hwn, gwthiodd dau ddiffynnydd …
	Barnodd y Llys Apêl …
	Cafodd y rhesymeg hon ei dilyn yn achos …
Ar unrhyw berson	Does dim rhaid i'r weithred o ddwyn gael ei chyflawni yn erbyn yr unigolyn sy'n cael ei fygwth. Er enghraifft…
Mens rea	Esboniad
Bwriad o amddifadu'n barhaol	Rhaid bod y diffynnydd yn bwriadu …
	Mae hyn wedi'i nodi yn *a6 Deddf Dwyn 1968* …
	Benthyg heb ganiatâd …
	Mae *Adran 6(1)* yn ymdrin â sefyllfaoedd lle …
	Ond, yn achos *Lloyd (1985)*, barnodd y llys y gallai …
	Fodd bynnag, yn achos *Velumyl (1989)*, cafodd y diffynnydd ei ddyfarnu'n euog ar ôl iddo …
Anonestrwydd	Nid yw *Adran 2* yn diffinio anonestrwydd, ond mae'n rhoi enghreifftiau o …
	Mae'r holl brofion uchod yn rhai goddrychol, sy'n golygu …
	Os nad yw'r profion uchod yn berthnasol, dylid defnyddio'r prawf anonestrwydd a amlinellwyd yn achos *Ghosh* …
	Ond cafodd hwn ei ddiwygio'n ddiweddar yn dilyn achos *Ivey v Genting Casinos* …
Bwriad o ddefnyddio grym er mwyn dwyn	Rhaid dangos bod y diffynnydd yn bwriadu defnyddio grym er mwyn dwyn.

Cyd-destun

Bwrgleriaeth

Dehongliad arferol 'bwrgleriaeth' yw 'torri i mewn i eiddo preifat rhywun a dwyn eiddo oddi yno'. Mae **Adran 9 Deddf Dwyn 1968** yn nodi'n glir fod y drosedd yn mynd ymhellach na hyn, gan roi'r diffiniad canlynol:

'(1) Mae rhywun yn euog o fwrgleriaeth —

(a) os yw'n mynd i mewn i unrhyw adeilad neu ran o adeilad fel tresmaswr, gyda'r bwriad o gyflawni unrhyw drosedd y cyfeirir ati yn isadran (2) isod; neu

(b) ar ôl mynd i mewn i unrhyw adeilad neu ran o adeilad fel tresmaswr, os yw'n dwyn neu'n ceisio dwyn rhywbeth yn yr adeilad neu ran o adeilad neu'n achosi niwed corfforol difrifol i unrhyw un yn y cyfryw adeilad, neu'n ceisio'i achosi.

(2) Mae'r troseddau y cyfeirir atyn nhw yn isadran (1)(a) uchod yn cynnwys dwyn unrhyw beth yn yr adeilad neu ran o adeilad dan sylw, achosi niwed corfforol difrifol i unrhyw un yn y cyfryw adeilad, a gwneud difrod anghyfreithlon i'r adeilad neu unrhyw beth yn yr adeilad hwnnw.'

Mewn gwirionedd mae **dwy** drosedd bwrgleriaeth o dan **a9(1)(a)** ac **a9(1)(b)**. Mae trosedd hefyd o dan **a10 Deddf Dwyn 1968** sef **bwrgleriaeth waethygedig**.

Y ddedfryd uchaf am euogfarn bwrgleriaeth yw 14 blynedd os yw'r lleidr wedi mynd i mewn i annedd, neu 10 mlynedd os yw'r lleidr wedi mynd i mewn i unrhyw adeilad arall. Y ddedfryd uchaf ar gyfer bwrgleriaeth waethygedig yw carchar am oes.

Bwrgleriaeth

Llenwch y bylchau gan ddefnyddio'r geiriau yn y rhestr ar dudalen 46 er mwyn cwblhau'r testun am ddwy drosedd bwrgleriaeth.

Bwrgleriaeth o dan *a9(1)(a)*

Mae rhywun yn euog o fwrgleriaeth o dan **a9(1)(a)** os yw'n mynd i mewn i _____ , neu unrhyw _____ o adeilad, fel tresmaswr, gyda'r _____ o ddwyn, achosi _____ i unrhyw un yn yr adeilad neu achosi difrod _____ .

Mae tair elfen i'r *actus reus*:

* mynd i mewn
* i adeilad neu ran o adeilad
* fel _____ .

Dwy elfen y *mens rea* yw:

* bwriad neu _____ i dresmasu
* bwriad _____ (bwriad o ddwyn, achosi niwed corfforol difrifol neu ddifrodi'r adeilad neu ei gynnwys).

Parhad

Geiriau i'w defnyddio
ymgais
ceisio
adeilad
troseddol
mynd i mewn
niwed corfforol
difrifol x 2
bwriad
yn ddiweddarach
mens rea
ran
fyrbwylltra
dwyn
wrth
tresmaswr
dirgel
difrod
anghyfreithlon

Bwrgleriaeth o dan *a9(1)(b)*

Mae rhywun yn euog o fwrgleriaeth o dan *a9(1)(b)* os yw, ar ôl mynd i mewn i adeilad neu ran o adeilad fel tresmaswr, yn ▢ neu'n ceisio dwyn unrhyw beth yn yr adeilad, neu'n achosi neu'n ▢ achosi niwed corfforol difrifol i unrhyw un y tu mewn iddo.

Mae pedair elfen i'r *actus reus*:

* ▢

* i adeilad neu ran o adeilad

* fel tresmaswr

* *actus reus* dwyn neu niwed corfforol ▢, neu ymgais i ddwyn neu achosi niwed corfforol difrifol y tu mewn iddo

Mae dwy elfen i'r ▢ :

* bwriad neu fyrbwylltra i dresmasu

* *mens rea* dwyn neu niwed corfforol difrifol, neu ▢ i ddwyn / achosi niwed corfforol difrifol y tu mewn iddo.

Y prif wahaniaeth rhwng dwy drosedd bwrgleriaeth, o dan *a9(1)(a)*, yw'r rheidrwydd bod gan y diffynnydd fwriad ▢ fynd i mewn i'r adeilad, ond o dan *a9(1)(b)*, gall y bwriad o gyflawni'r drosedd ddirgel ddod wedyn, gan nad yw bwriad y diffynnydd wrth fynd i mewn i'r adeilad yn berthnasol. Yn ogystal, mae *a9(1)(a)* yn ymdrin â ▢ , ond nid yw *a9(1)(b)* yn gwneud hynny.

Gweithgaredd 2.14   Chwilair *actus reus* bwrgleriaeth

Dewch o hyd i'r geiriau allweddol sy'n gysylltiedig â bwrgleriaeth yn y chwilair.

```
Y W Y P M B J T T A D M T L
N W A L F Y C N Y W D C R L
A Y O N O S I D P U D J E E
C D H O S I Y W C B S C S B
C B H T Y I H L U A A J M A
W P D G G R A T W N H N A P
C E A N D C G G I E W O S P
D A L I E D A A M E D U W M
M G T K J T T L M Y F D R S
W N B L J Â E I J C C F O P
G I A A D G D E J M P W E L
L B S W R N F N L W C G O G
J Y P I Y R V C O L L I N S
O B D M L L O N G Y R M I I
```

Geiriau i'w canfod
YMGAIS
ADEILAD
DWYN CYFLAWN
EFFEITHIOL
MYND I MEWN
CANIATÂD
R V COLLINS
SYLWEDDOL
PABELL
TRESMASWR
DIRGEL
LLONG
WALKINGTON

Nawr rhowch ddiffiniad o'r geiriau ac esboniad o'r achosion sydd yn y chwilair, yng nghyd-destun y gyfraith ar ddwyn.

Gair	Diffiniad
Mynd i mewn	
Adeilad	
Tresmaswr	
Effeithiol	
Sylweddol	
Dwyn cyflawn	
R v Collins	
Llong	
Caniatâd	
Walkington	
Dirgel	
Ymgais	

Cyd-destun

Wrth gymhwyso'r gyfraith yn ymwneud â throseddau eiddo, rydych chi'n debygol o gael senario sy'n cynnwys mwy nag un drosedd. Bydd angen i chi ymdrin â phob un yn ei thro, gan nodi beth yw'r drosedd berthnasol, ac esbonio a chymhwyso'r *actus reus* a'r *mens rea* er mwyn dod i gasgliad ynghylch a gafodd y drosedd ei chyflawni.

Gweithgaredd 2.15   Pa drosedd? Paratoi i gymhwyso

Defnyddiwch yr arweiniad ar gyfer Senario 1 er mwyn eich helpu i gwblhau'r tabl ar gyfer Senario 2. Gwnewch yn siŵr eich bod yn cymhwyso pob elfen ac enghraifft at y ffeithiau.

Senario enghreifftiol 1

Mae Eleanor a Kelsey yn rhannu fflat yn y brifysgol. Mae ganddyn nhw ystafelloedd unigol, hunangynhaliol gyda chloeon ar y drysau. Un diwrnod, pan mae Kelsey yn y gwaith, mae Eleanor yn mynd i mewn i ystafell Kelsey, sydd heb ei chloi. Mae Eleanor eisiau benthyg arian ar gyfer tocyn bws, felly mae hi'n cymryd darnau arian mae Kelsey wedi'u gadael ar ei desg, gyda'r bwriad o'u dychwelyd cyn i Kelsey ddod adref. Ond mae Kelsey'n dod adref yn gynnar, cyn i Eleanor gael cyfle i roi'r arian yn ôl.

Y diwrnod wedyn, yn yr ystafell fyw maen nhw'n ei rhannu, mae Eleanor yn cymryd brechdan Kelsey ac yn ei bwyta. Yna mae hi'n mynd i'r brifysgol, lle mae hi ar fin sefyll ei harholiad olaf yn ddiweddarach y diwrnod hwnnw. Ar ôl iddi gyrraedd, mae hi'n mynd i weld ei thiwtor yn yr ystafell ddosbarth. Dydy'r tiwtor ddim yno ond mae Eleanor yn gweld y papur arholiad ar y ddesg. Mae hi'n mynd ati'n gyflym i dynnu ffotograff o'r papur ac yna mae hi'n rhoi'r papur yn ôl yn ei le.

Ar ei ffordd adref o'r arholiad, wrth i Eleanor siarad ar ei ffôn symudol, mae Oliver yn ei tharo yn ei hwyneb ac yn cymryd y ffôn o'i llaw.

Person/sefyllfa	Trosedd	*Actus reus*	*Mens rea*
Eleanor yn mynd i mewn i ystafell Kelsey a chymryd arian	Bwrgleriaeth *a9(1)(a)*	• Mynd i mewn • I adeilad neu ran o adeilad • Fel tresmaswr	• Bwriad neu fyrbwylltra i dresmasu • Bwriad dirgel, h.y. Bwriad o ddwyn, achosi niwed corfforol difrifol neu ddifrodi'r adeilad neu ei gynnwys

Parhad

Person/sefyllfa	Trosedd	Actus reus	Mens rea
Eleanor yn cymryd brechdan Kelsey o'r ystafell fyw maen nhw'n ei rhannu	Dwyn	Perchnogi *a3*: bwndel o hawliau: *R v Morris (1923)*, *Lawrence v MPC (1972)*, *R v Gomez (2000)*, *R v Hinks (2000)* Eiddo *a4*: eiddo tirol, eiddo anghyffwrdd, pethau mewn achos, *Oxford v Moss (1979)*, pethau sydd ddim yn gallu cael eu dwyn Yn perthyn i rywun arall *a5*: meddiant neu reolaeth, hawl neu fudd perchnogaeth, ei eiddo ei hun: *R v Turner No.2 (1971)*, rhwymedigaeth i ddefnyddio mewn ffordd benodol, camgymeriad	• Anonestrwydd: *a2*, prawf Ghosh • Y bwriad o amddifadu'n barhaol: *a6*, *Lloyd (1985)*, *Velumyl (1989)*
Eleanor yn tynnu ffotograff o'r papur arholiad	Dwyn	Perchnogi *a3*: bwndel o hawliau: *R v Morris (1923)*, *Lawrence v MPC (1972)*, *R v Gomez (2000)*, *R v Hinks (2000)* Eiddo a4 – eiddo tirol, eiddo anghyffwrdd, pethau mewn achos, *Oxford v Moss (1979)*, pethau sydd ddim yn gallu cael eu dwyn Yn perthyn i rywun arall *a5*: meddiant neu reolaeth, hawl neu fudd perchnogaeth, ei eiddo ei hun: *R v Turner No.2 (1971)*, rhwymedigaeth i ddefnyddio mewn ffordd benodol, camgymeriad Nid yw'n bosibl dwyn gwybodaeth: (*Oxford v Moss*)	• Anonestrwydd: *a2*, prawf Ghosh • Y bwriad o amddifadu'n barhaol: *a6*, *Lloyd (1985)*, *Velumyl (1989)*
Oliver yn taro Eleanor ac yn cymryd ei ffôn symudol	Lladrad	*Actus reus* dwyn: *a1 Deddf Dwyn 1968* Defnyddio grym neu fygwth grym er mwyn dwyn: *Corcoran v Anderton (1980)*, *Dawson and James (1976)*, *Clouden (1987)* Yn syth cyn dwyn neu ar yr un pryd: *Hale (1979)* Ar unrhyw berson	• *Mens rea* dwyn • Bwriad o ddefnyddio grym er mwyn dwyn

Senario enghreifftiol 2

Aeth Evan i mewn i siop a chodi cylchgrawn seiclo o'r silff. Rhoddodd y cylchgrawn yn ei fag gan nad oedd yn bwriadu talu amdano. Yna gwelodd ffôn symudol perchennog y siop y tu ôl i'r cownter. Gofynnodd i berchennog y siop, Josh, fynd i chwilio am rywbeth iddo a thra oedd Josh i ffwrdd o'r cownter, sleifiodd Evan i'r ardal y tu ôl i'r cownter a chymryd ei ffôn symudol.

Roedd Evan yn brin o arian, ac yn ddiweddarach y noson honno, torrodd i mewn i dŷ ei gymydog Anne drwy roi ei fraich a'i ysgwydd drwy ffenestr agored, a chymryd ei phwrs.

Parhad

Ar ei ffordd adref o dŷ Anne, gwelodd Milad yn cerdded i lawr y stryd a phenderfynodd ymosod arno oherwydd 'nad oedd yn hoffi'r ffordd roedd yn edrych'. Yn ystod yr ymosodiad, gollyngodd Milad ei ffôn symudol a gwelodd Evan gyfle i'w gymryd ganddo.

Person/digwyddiad	Trosedd	*Actus reus*	*Mens rea*

2.2 Cwestiynau cyflym

1. Beth yw elfennau *actus reus* dwyn?
2. Beth yw elfennau *mens rea* dwyn?
3. Sut mae achos *Ivey v Genting Casinos* wedi newid y prawf anonestrwydd?
4. Sut mae lladrad yn wahanol i ddwyn?
5. Beth yw'r gwahaniaeth rhwng trosedd bwrgleriaeth o dan *a9(1)(a)* ac *a9(1)(b)*?
6. A yw'n bosibl dwyn trydan? Esboniwch eich ateb.
7. Rhestrwch rai o'r prif broblemau gyda'r gyfraith ar ddwyn, lladrad a bwrgleriaeth.
8. Nodwch rai o'r ffyrdd gallai'r gyfraith gael ei diwygio a'i gwella.

Amddiffyniadau gallu a rheidrwydd

Yn y fanyleb	Yn yr adran hon bydd myfyrwyr yn datblygu eu gwybodaeth am y canlynol:
CBAC U2 **3.16:** Amddiffyniadau **3.17:** Troseddau ymgais rhagarweiniol	• Amddiffyniadau gallu mewn perthynas â gorffwylledd a meddwdod • Meddwdod o ganlyniad i alcohol; Meddwdod o ganlyniad i gyffuriau • Gorffwylledd • Awtomatiaeth: awtomatiaeth orffwyll a heb fod yn orffwyll • Amddiffyniadau rheidrwydd mewn perthynas â hunanamddiffyniad, gorfodaeth a gorfodaeth amgylchiadau

Gwella adolygu

Gallai'r testun hwn gael ei osod fel cwestiwn senario sy'n profi sgiliau **AA2 cymhwyso**, lle mae angen i chi gynghori rhywun ynghylch y materion. Gallai cwestiwn senario ystyried cymhwyso'r rheolau ar feddwdod, gorffwylledd, awtomatiaeth, hunanamddiffyniad, gorfodaeth, rheidrwydd, neu gyfuniad o fwy nag un amddiffyniad. Ar gyfer yr atebion hirach hyn, dylech chi ddechrau eich ateb drwy gyflwyno trosolwg o feysydd y testun, a chloi gyda chasgliad sy'n clymu'r materion at ei gilydd ar sail eich gwaith cymhwyso. Gan mai'r sgìl sy'n cael ei brofi yw **AA2**, mae'n hanfodol eich bod yn cymhwyso'r gyfraith at y senario penodol gan ddefnyddio achosion a statudau i gefnogi eich ateb.

Gallai'r testun hwn ymddangos hefyd fel cwestiwn traethawd sy'n profi sgiliau **AA3** dadansoddi a gwerthuso. Meddyliwch am elfennau o bob testun fyddai'n gallu gofyn am ymateb marc uwch, mwy gwerthusol. Dyma enghreifftiau o'r mathau o gwestiynau posibl:

- 'Mae'r gyfraith ar orffwylledd yn hen ac mae angen ei diwygio ar frys.' Trafodwch.

- 'Nid yw amddiffyniad meddwdod yn addas i'r pwrpas, ac mae angen ei ddiwygio ar frys.' Trafodwch i ba raddau mae'r gosodiad hwn yn gywir.

Ar gyfer yr atebion hirach hyn, dylech chi strwythuro eich ateb gan ddechrau gyda chyflwyniad sy'n rhoi trosolwg o'r hyn mae'r ateb yn mynd i'w drafod a sut bydd y prif gorff yn mynd yn ei flaen. Dylech hefyd gynnwys rhywfaint o gyd-destun cryno, ynghyd ag esbonio termau allweddol mewn perthynas â'r testun neu'r cwestiwn. Yna, dylai eich ateb ddilyn strwythur rhesymegol gyda pharagraffau sy'n cysylltu'n ôl i'r cwestiwn ac yn defnyddio tystiolaeth i'w gefnogi. Yn olaf, dylai gynnwys casgliad sy'n clymu'r materion at ei gilydd ar sail y dystiolaeth rydych chi wedi'i chyflwyno mewn perthynas â'r cwestiwn. Er mwyn gwerthuso, mae'n rhaid i chi hefyd esbonio beth yn union rydych chi'n ei werthuso.

CYSWLLT

I gael rhagor o wybodaeth am amddiffyniadau gallu, gweler tudalennau 48–64 yn *CBAC Safon Uwch Y Gyfraith Llyfr 2*.

Lluniwch eich nodiadau adolygu o amgylch y canlynol…

- **Gorffwylledd ac awtomatiaeth**
  - Diffiniad: *M'Naghten (1843)*: rheswm diffygiol; afiechyd meddwl; heb wybod natur ac ansawdd y weithred, neu heb wybod ei fod yn gwneud rhywbeth sy'n anghywir
  - Y tebygrwydd rhwng gorffwylledd ac awtomatiaeth:
    - **Gorffwylledd**: rhaid i'r amddiffyniad brofi, yn ôl pwysau tebygolrwydd, bod gan y diffynnydd reswm diffygiol oherwydd afiechyd meddwl; os yw'n ddieuog ar sail gorffwylledd, gall barnwr roi un o bedwar gorchymyn
    - **Awtomatiaeth**: rhaid i'r diffynnydd ddefnyddio'r amddiffyniad: rhaid i'r erlyniad ei wrthbrofi; rhaid iddo gael ei achosi gan ffactor allanol; os yw'n ddieuog, yna mae'r diffynnydd yn rhydd

- **Meddwdod**
  - **Troseddau bwriad penodol/meddwdod gwirfoddol**:
    - Os oes gan y diffynnydd *mens rea*, mae'n euog: *Gallagher (1963)*
    - Os nad oes gan y diffynnydd *mens rea*, mae'n ddieuog.
  - **Troseddau bwriad penodol/meddwdod anwirfoddol**:
    - Os oes gan y diffynnydd *mens rea*, mae'n euog: *Kingston (1994)*
    - Os nad oes gan y diffynnydd *mens rea*, mae'n ddieuog: *Hardie (1984)*
  - **Troseddau bwriad penodol/camgymeriad meddw**:
    - Os yw'r camgymeriad yn negyddu *mens rea*, mae'r diffynnydd yn ddieuog
    - Os yw'r camgymeriad yn ymwneud â'r angen i'w amddiffyn ei hun, nid yw'n amddiffyniad, a bydd y diffynnydd yn euog yn achos troseddau bwriad penodol a sylfaenol: *O'Grady (1987)*, *Hatton (2005)*
  - **Troseddau bwriad sylfaenol/meddwdod gwirfoddol**:
    - Mae'r diffynnydd yn euog gan fod meddwi yn ymddygiad byrbwyll: *Majewski (1977)*
  - **Troseddau bwriad sylfaenol/meddwdod anwirfoddol**:
    - Mae'r diffynnydd yn ddieuog gan nad yw wedi bod yn fyrbwyll wrth feddwi: *Hardie (1984)*
  - **Troseddau bwriad sylfaenol a chamgymeriad meddw:**
    - Mae'r diffynnydd yn euog gan fod hyn yn ymddygiad byrbwyll

- **Gorfodaeth**
  - Gall fod drwy fygythiadau neu amgylchiadau
  - Ar gael ar gyfer pob trosedd ac eithrio llofruddiaeth (*R v Howe (1987)*) neu ymgais i lofruddio (*Gotts (1992)*)
  - Rhaid i'r bygythiad fod yn ddifrifol (marwolaeth neu anaf difrifol), ond gellir ystyried effaith bygythiadau eraill dros amser yn achos bygwth anafu
  - Dau brawf: gwrthrychol a goddrychol
  - Does dim rhaid i'r bygythiad fod yn weithredol ar y pryd, ond rhaid iddo fod yn anochel
  - Nid yw gorfodaeth ar gael mewn achosion lle mae'r diffynnydd yn ymuno â gang troseddol treisgar, a/neu lle roedd y diffynnydd yn rhagweld, neu y dylai fod wedi rhagweld, bod perygl o gael ei orfodi i wneud rhywbeth

Gweithgaredd 2.16 — Cymhwyso amddiffyniadau at senarios problemau

Mae'r testun isod yn rhoi enghraifft o sut i ymateb i gwestiwn senario am amddiffyniadau gallu a rheidrwydd. Defnyddiwch y geiriau yn y rhestr i lenwi'r bylchau. Yna defnyddiwch y wybodaeth i ysgrifennu ateb enghreifftiol i gwestiwn senario o gyn-bapur, neu enghraifft o achos addas rydych chi wedi dod o hyd iddo ar y we. Efallai bydd angen i chi ychwanegu nodiadau neu adael rhai ohonynt allan, yn dibynnu ar ofynion eich senario.

Gorffwylledd

- Mae'n bosibl i ddiffynnydd (D) hawlio amddiffyniad gorffwylledd. Mae'r meini prawf wedi'u pennu gan gyfraith achosion: mae rheolau _____ yn nodi, ar adeg cyflawni'r weithred, 'bod y parti sydd wedi'i gyhuddo yn gweithredu o dan y fath reswm _____, wedi'i achosi gan _____ meddwl, nes nad oedd yn gwybod beth oedd natur ac ansawdd y weithred; neu, os oedd yn gwybod y pethau hynny, nad oedd yn gwybod bod yr hyn roedd yn ei wneud yn anghywir'.

- Yr elfen gyntaf yw _____, sef y rheidrwydd bod pwerau rhesymu'r diffynnydd yn ddiffygiol, a hynny ar y sail na all eu defnyddio, yn hytrach na dewis peidio â'u defnyddio yn unig. Nid yw _____ neu anghofrwydd dros dro yn gyfystyr â rheswm diffygiol, fel yn achos _____.

- Yn y senario hwn, mae'r D yn dangos yn glir bod ei allu i resymu yn ddiffygiol oherwydd [**rhowch dystiolaeth o'r senario**].

- Mae'r ail elfen, 'afiechyd meddwl', yn ddiffiniad _____, yn hytrach nag un meddygol. Mae'r gyfraith yn ystyried a all y D gael ei ddal yn atebol am ei weithred, yn hytrach nag ystyried ei gyflwr meddygol.

- Mae'n rhaid i afiechyd meddwl fod yn gorfforol, ac nid yn afiechyd a gafodd ei achosi gan ffactorau _____, e.e. cyffuriau.

- Yn y senario hwn, gall [**rhowch dystiolaeth o'r senario**] D gael ei ystyried yn 'afiechyd meddwl', fel yn achos _____ / *Sullivan/Hennessey*.

- Yr elfen olaf yw bod rhaid profi nad oedd y D yn gwybod beth oedd natur/ ansawdd ei ymddygiad, neu roedd yn gwybod beth roedd yn ei wneud ond heb wybod ei fod yn anghywir yn ôl y gyfraith. Yma, mae D yn [**rhowch dystiolaeth o'r senario**]. Felly gallwn weld bod D yn gwybod beth oedd natur/ansawdd ei weithred, fel sydd i'w weld yn achos _____, lle dywedodd y D 'Mae'n siŵr y byddaf yn cael fy nghrogi am hyn.'

- Yn achos gorffwylledd, mae baich y prawf yn gorwedd ar yr _____ i brofi bod y D yn dioddef o orffwylledd ar adeg y drosedd, ar sail _____. Felly, mae'n debygol / annhebygol y bydd y D yn gallu profi gorffwylledd, yn cael ei ystyried yn 'ddieuog ar sail gorffwylledd', ac yn cael rheithfarn arbennig. [**Rhowch dystiolaeth o'r senario**.]

Geiriau i'w defnyddio
Bratty
Burgess
Clarke
dryswch
diffygiol
rheswm diffygiol
amddiffyniad
afiechyd
allanol x 2
Kemp
cyfreithiol
M'Naghten
tebygolrwydd
dwy
Windle

Parhad

53

Awtomatiaeth

- Mae'n bosibl y gall y D hawlio amddiffyniad awtomatiaeth. Cafodd hyn ei ddiffinio yn   fel 'gweithred a wneir gan y cyhyrau heb unrhyw reolaeth gan y meddwl'.

- Mae   elfen i'r amddiffyniad hwn. Yr elfen gyntaf yw'r rheidrwydd bod y D wedi colli pob rheolaeth wirfoddol, a bod hyn wedi cael ei achosi gan ffactor   .

- Yma, mae'r D [**rhowch dystiolaeth o'r senario**], sy'n dangos ei fod wedi colli rheolaeth wirfoddol. Rhaid colli rheolaeth yn llwyr, fel sydd i'w weld yn *AG Ref No2 1992*, lle nad oedd y D yn gallu defnyddio awtomatiaeth, oherwydd bod y ffaith ei fod yn gyrru yn golygu nad oedd wedi colli rheolaeth yn llwyr.

- Yn y senario, gallem ddweud bod gweithredoedd y D yn rhai hunan-gymhellol, oherwydd roedd y D yn gwybod y byddai ei ymddygiad yn debygol o arwain at awtomatiaeth. Fel yn achos *Bailey*, lle roedd y D wedi bod yn fyrbwyll, yma hefyd mae'r D wedi [**rhowch dystiolaeth o'r senario**].

- Cafodd / ni chafodd awtomatiaeth D ei achosi gan ffactorau allanol oherwydd [**rhowch dystiolaeth o'r senario**], ac felly byddai'n gallu / ni fyddai'n gallu pledio amddiffyniad awtomatiaeth.

Hunanamddiffyniad ac atal troseddu

- Mae'n bosibl y gall y D ddefnyddio amddiffyniad hunanamddiffyn. Mae dau fath – hunanamddiffyniad ac   – o dan *a3 Deddf Cyfraith Trosedd 1967*. Er mwyn i'r amddiffyniad fod yn gymwys, rhaid i'r D fodloni dwy elfen; yn gyntaf, a oedd y grym yn   ac yn ail, a oedd yn   . Rhaid i'r erlyniad brofi y tu hwnt i bob amheuaeth naill ai nad oedd D yn gweithredu mewn hunanamddiffyniad, neu bod y grym yn ormodol.

- Bydd rheithgor yn penderfynu a oedd y grym yn angenrheidiol ar sail y ffeithiau. Fodd bynnag, fel yn achos   , lle roedd yr ymosodwr yn rhedeg i ffwrdd, mae grym yn annhebygol o fod yn angenrheidiol. Yn y senario, [**rhowch dystiolaeth o'r senario**], felly gallwn ddweud bod y grym / nad oedd y grym yn angenrheidiol.

- Pan fydd y D wedi gwneud camgymeriad, bydd y rheithgor yn penderfynu a oedd grym yn angenrheidiol dan yr amgylchiadau, os oedd y D yn credu yn onest mai felly roedden nhw, fel sydd i'w weld yn *Williams*. Yn y senario hwn, [**rhowch dystiolaeth o'r senario**], felly gallwn ddweud bod y grym / nad oedd y grym yn angenrheidiol o dan yr amgylchiadau.

- Gall y D ddibynnu ar yr amddiffyniad hyd yn oed os yw wedi ymosod gyntaf, fel sydd i'w weld yn *AG No2 1993*. [**Rhowch dystiolaeth o'r senario.**]

- Mae *a76/77 Deddf Cyfiawnder Troseddol a*   yn ystyried a yw'r grym a ddefnyddiwyd yn rhesymol a heb fod yn ormodol. Mae'n egluro na fydd rhywun sy'n gweithredu at ddiben cyfreithlon o bosibl yn gallu penderfynu'n union pa gamau sy'n angenrheidiol. Yn y senario hwn, gallai'r grym gael ei ystyried yn rhesymol/ormodol, [**rhowch dystiolaeth o'r senario**], fel yn achos *Clegg/Martin*.

- Felly, byddai/ni fyddai'r D yn gallu pledio amddiffyniad hunanamddiffyn.

Parhad

Meddwdod

- Mae'n bosibl y gall y D ddefnyddio amddiffyniad meddwdod oherwydd [**rhowch dystiolaeth o'r senario**].

- Gall meddwdod fod yn   neu'n   . Meddwdod gwirfoddol yw pan fydd y D yn dewis cymryd sylwedd meddwol. Meddwdod anwirfoddol yw sefyllfa lle nad yw'r D yn gwybod ei fod yn cymryd sylwedd meddwol, gan gynnwys cymryd cyffuriau presgripsiwn sy'n gwneud rhywun yn feddw yn annisgwyl. Yn y senario hwn, gall y meddwdod gael ei ystyried yn wirfoddol/anwirfoddol oherwydd [**rhowch dystiolaeth o'r senario**].

- Mewn sefyllfa lle'r oedd y D wedi meddwi o'i wirfodd ac wedi ei gyhuddo o drosedd bwriad   , gall meddwdod gwirfoddol negyddu unrhyw *mens rea* os oedd D mor feddw nes nad oedd wedi ffurfio'r *mens rea* ar gyfer y drosedd. Yma, [**rhowch dystiolaeth o'r senario**], fel yn achos *and Moore*, lle roedd y Diffynyddion yn rhy feddw i ffurfio'r bwriad o achosi anaf corfforol difrifol neu lofruddiaeth, felly doedden nhw ddim yn euog o lofruddiaeth. Ond os yw'r D wedi ffurfio'r *mens rea* er ei fod yn feddw, mae'n dal i fod yn euog.

- Mewn sefyllfa lle roedd y D wedi meddwi o'i wirfodd ac wedi ei gyhuddo o drosedd bwriad   , nid yw meddwdod yn amddiffyniad o dan y penderfyniad yn achos   oherwydd bod D wedi ymddwyn yn fyrbwyll drwy feddwi. Y byrbwylltra hwn yw'r bwriad ar gyfer trosedd bwriad sylfaenol. Felly ni all y D ddibynnu ar yr amddiffyniad hwn. Yma, [**rhowch dystiolaeth o'r senario**].

- Mewn sefyllfa lle'r oedd y D wedi meddwi o'i wirfodd, ond bod ganddo'r *mens rea* angenrheidiol wrth gyflawni'r drosedd, bydd yn euog, fel sydd i'w weld yn   . Mae hyn oherwydd nad yw cyflwr meddw'r D wedi effeithio ar ei allu i ffurfio *mens rea*.

Gweithgaredd 2.17 — Gorffwylledd ac awtomatiaeth

Tynnwch linellau i gysylltu'r achosion â'r ffeithiau cywir.

R v Clarke (1972)	Roedd culhau'r rhydwelïau o fewn rheolau gorffwylledd, oherwydd bod ei gyflwr yn effeithio ar ei resymu meddyliol, ei gof a'i ddealltwriaeth.
R v Kemp (1956)	Fe wnaeth diffynnydd anafu ei gariad pan oedd ef yn cysgu. Roedd hyn o fewn y diffiniad o orffwylledd gan ei fod yn achos mewnol.
R v Sullivan (1984)	Roedd person diabetig wedi anghofio cymryd ei inswlin, ac roedd hyn o fewn y diffiniad o orffwylledd.
R v Hennessy (1989)	Nid yw anghofrwydd neu ddryswch syml yn gyfystyr â gorffwylledd.
R v Burgess (1991)	Roedd y diffynnydd yn dioddef o anhwylder meddyliol a lladdodd ei wraig, ond cyfaddefodd ei fod yn gwybod bod yr hyn roedd wedi ei wneud yn gyfreithiol anghywir.
R v Quick (1973)	Cafodd diffynnydd oedd wedi anafu ei ffrind yn ystod ffit epileptig ei ystyried yn orffwyll, oherwydd roedd y diffiniad yn cynnwys unrhyw afiechyd organig neu swyddogaethol, hyd yn oed pan oedd hynny dros dro.
R v Windle (1952)	Roedd person diabetig heb fwyta ar ôl cymryd ei inswlin – doedd hyn ddim yn cael ei gyfri'n orffwyll oherwydd bod yr achos yn allanol.

Cyd-destun

Mae awtomatiaeth yn amddiffyniad cyflawn, ac mae'r diffynnydd yn ddieuog os yw'n pledio'n llwyddiannus bod ei weithredoedd yn anwirfoddol a heb eu rheoli yn ymwybodol. Does dim *actus reus* gwirfoddol, ac nid oes gan y diffynnydd y *mens rea*.

Gall hyn fod yn debyg iawn i orffwylledd weithiau, os nad yw'r diffynnydd yn gwybod beth yw natur ac ansawdd ei weithredoedd (h.y. nid yw'n gwybod beth mae'n ei wneud).

- Os bydd ffactor mewnol yn gyfrifol am awtomatiaeth y diffynnydd, gall amddiffyniad gorffwylledd fod yn gymwys o dan reolau M'Naghten.

- Os bydd ffactor allanol yn gyfrifol am awtomatiaeth y diffynnydd, gall amddiffyniad awtomatiaeth fod yn gymwys o dan reolau Bratty. Mae'r rhain yn diffinio awtomatiaeth fel gweithred gan y cyhyrau heb unrhyw reolaeth gan y meddwl, fel gwingo, gweithred atgyrch neu gonfylsiwn; neu weithred gan rywun sydd ddim yn ymwybodol o'r hyn mae'n ei wneud, fel gweithred wrth ddioddef cyfergyd (*concussion*) neu wrth gerdded yn ei gwsg.

- Term cyfreithiol yw 'afiechyd meddwl' yn hytrach nag un meddygol. Mae wedi achosi problemau, a dyma un rheswm pam mae'r amddiffyniad wedi cael ei feirniadu gymaint. Gan ei fod yn ddiffiniad cyfreithiol, gall y barnwr ystyried polisi wrth benderfynu pa afiechydon sy'n gymwys o dan reolau M'Naghten.

Gweithgaredd 2.18   Cyfraith achosion awtomatiaeth

Adolygwch yr achosion, a chwblhewch y tabl i ddangos sut maen nhw wedi dylanwadu ar y ffordd mae'r gyfraith yn cael ei chymhwyso.

Achos	Ffeithiau	Penderfyniad/Pwynt cyfreithiol
1. Rhaid colli rheolaeth yn llwyr		
Broome v Perkins (1987)		
Attorney-General's Reference 1992		
2. Rhaid bod achos yr awtomatiaeth yn allanol		
Hill and Baxter (1958)	Bu'r diffynnydd mewn gwrthdrawiad, a honnodd ei fod wedi cael ei daro gan salwch dirgel.	'Ni ddylai rhywun fod yn atebol i gyfraith trosedd os …'
R v T (1990)		
3. Mae awtomatiaeth drwy hunan-gymhelliad yn amddiffyniad i droseddau bwriad penodol, ond nid rhai bwriad sylfaenol		
Bailey (1983)		
4. Os nad yw'r diffynnydd yn gwybod bod ei weithredoedd yn debygol o arwain at gyflwr o awtomatiaeth, nid yw wedi ymddwyn yn fyrbwyll a gall ddefnyddio amddiffyniad awtomatiaeth		
Hardie (1984)		

Gweithgaredd 2.19 Senarios awtomatiaeth

A yw'r diffynyddion yn gallu dibynnu ar awtomatiaeth fel amddiffyniad?
Cyfeiriwch at achosion perthnasol yn eich atebion.

---

1. Mae Lucy yn seiclo adref o'r gwaith un diwrnod, ac yna mae cangen yn disgyn o goeden ac yn ei tharo ar ei phen. Mae hi'n dioddef cyfergyd (*concussion*), ac yn hytrach na dal i fynd ar hyd y ffordd, mae hi'n seiclo i mewn i siop brysur, gan achosi difrod i'r siop.

Achos:

Cymhwyso:

---

2. Mae John yn cymryd rhai tabledi cysgu i'w helpu i gael noson dda o gwsg. Mae'n deffro yn y bore ar ben car ei gymydog. Yn ystod y nos mae wedi crafu bonet y car gydag allwedd.

Achos:

Cymhwyso:

---

3. Mae gan Anna diabetes. Pan mae lefel y siwgr yn ei gwaed yn anghyson, mae hi'n cael damwain yn ei char ac yn taro golau stryd.

Achos:

Cymhwyso:

Gweithgaredd 2.20 — Ffeithiau allweddol gorffwylledd

Profwch eich hun ar amddiffyniad gorffwylledd drwy ateb y cwestiynau hyn.

1. Mae gorffwylledd yn amddiffyniad cyffredinol. Beth yw ystyr hyn?
2. Beth yw'r rhagdybiaeth sylfaenol sy'n gymwys i bawb?
3. Pwy sydd â'r baich o brofi gorffwylledd ar sail tebygolrwydd?
4. Pwy arall all godi'r mater os bydd tystiolaeth o orffwylledd y diffynnydd yn cael ei chodi yn ystod y treial?
5. Dylech chi sicrhau nad ydych chi'n dweud bod yr unigolyn yn euog o orffwylledd yn eich atebion. Beth yw'r term ar gyfer y rheithfarn gywir (sydd hefyd yn cael ei galw'n rheithfarn arbennig)?
6. O ba Ddeddf mae'r rheithfarn hon yn dod?
7. Beth yw ffeithiau sylfaenol achos *M'Naghten (1843)*?
8. Beth yw tair elfen allweddol rheolau M'Naghten?
9. Beth yw ystyr **rheswm diffygiol**?
10. Beth ddigwyddodd yn achos *Clarke (1972)* a pham cafodd yr euogfarn ei dileu?

Gweithgaredd 2.21 — Afiechyd meddwl

Beth mae'r achosion canlynol yn eu dangos am y term 'afiechyd meddwl'?

Kemp (1956)

Sullivan (1984)

Hennessy (1989)

Parhad

Burgess (1991)

Gweithgaredd 2.22 — Hunanamddiffyniad a Deddf Cyfiawnder Troseddol a Mewnfudo 2008

Trafodwch yr atebion i'r cwestiynau hyn gyda rhywun arall yn eich grŵp.

1. Esboniwch beth yw effaith *is-adrannau 3 a 4 o adran 76 Deddf Cyfiawnder Troseddol a Mewnfudo 2008* ar hunanamddiffyniad.

2. Mae *Adran 76(4)(a)* y Ddeddf yn dweud: 'mae pa mor rhesymol neu beidio yw'r gred honno yn berthnasol wrth ofyn a oedd y D yn credu hynny mewn gwirionedd'. Beth yw ystyr hyn?

3. A yw rhywun sydd wedi gwneud camgymeriad oherwydd ei fod yn feddw neu o dan ddylanwad cyffuriau yn gallu dibynnu ar hunanamddiffyniad fel amddiffyniad?

4. Yn ôl *Adran 76(6)* ni all grym gael ei ystyried yn 'rhesymol o dan yr amgylchiadau… os oedd yn anghymesur o dan yr amgylchiadau hynny'. Beth yw ystyr hyn?

5. Pa faterion sy'n cael eu hystyried wrth benderfynu a yw'r diffynnydd wedi gweithredu mewn ffordd resymol?

Gweithgaredd 2.23   Hunanamddiffyniad, rhagymosodiad neu rym gormodol?

Nodwch pa achosion sydd wedi'u disgrifio yn y tabl.

Achos	Ffeithiau	*Ratio decidendi*
	Roedd y diffynnydd wedi ymyrryd pan welodd bobl oedd yn edrych fel pe baen nhw'n ymladd â'i gilydd. Dywedodd ei fod yn blismon a cheisiodd arestio un ohonyn nhw. Mewn gwirionedd, roedd un o'r bobl newydd ymosod ar fenyw, ac roedd y llall yn ceisio ei arestio. Cafodd y diffynnydd ei erlyn am ymosod.	Roedd y diffynnydd yn credu o ddifrif, ac mewn camgymeriad, a gallai'r gred honno fod yn rhesymol neu beidio.
	Yn ystod terfysgoedd, cafodd siop y diffynnydd ei thargedu dro ar ôl tro gan ladron. Arhosodd y diffynnydd yn y siop dros nos i baratoi ei fomiau petrol ei hun.	Penderfynodd y llys nad oes rhwymedigaeth i aros nes eich bod chi o dan fygythiad ar y pryd. Mae rhagymosod yn cael ei ganiatáu fel rhan o hunanamddiffyn.
	Roedd milwr oedd ar ddyletswydd ger safle rheoli yn ystod y gwrthdaro yng Ngogledd Iwerddon wedi ceisio atal car. Ond saethodd a lladdodd un o'r teithwyr yn y car wrth i'r car yrru i ffwrdd yn gyflym.	Roedd y diffynnydd wedi tanio ei ergyd olaf, sef yr un a laddodd y teithiwr, pan oedd y car wedi stopio bod yn fygythiad. Felly, roedd defnyddio grym marwol yn ormodol o dan yr amgylchiadau.
	Roedd y diffynnydd yn byw ar fferm unig ac roedd wedi dioddef sawl bwrgleriaeth. Cafodd ei ddeffro yn y nos gan bobl yn torri i mewn a saethodd atyn nhw wrth iddyn nhw redeg i ffwrdd.	Ar y sail bod y lladron yn ffoi o leoliad y drosedd, doedden nhw ddim yn fygythiad uniongyrchol erbyn hynny ac felly roedd y defnydd o'r gwn yn ormodol.

2.3 Cwestiynau cyflym

1. Beth yw rheolau M'Naghten?
2. Beth yw'r gwahaniaeth rhwng y penderfyniadau yn *R v Quick* ac *R v Hennessy*?
3. Beth yw ystyr **awtomatiaeth drwy hunan-gymhelliad**?
4. Pam nad yw meddwdod yn wir amddiffyniad?
5. Beth yw'r tair sefyllfa lle gall hunanamddiffyniad gael ei ddefnyddio?
6. Beth yw'r gwahaniaethau rhwng amddiffyniadau gorfodaeth drwy fygwth a gorfodaeth amgylchiadau?
7. Sut cafodd amddiffyniad gorfodaeth amgylchiadau ei ymestyn yn achos *R v Martin (1989)*?
8. Sut mae'r llysoedd yn penderfynu a oedd yn angenrheidiol i ddefnyddio grym mewn hunanamddiffyniad ac a oedd yn rhesymol i wneud hynny?
9. Rhaid i afiechyd meddwl gael ei achosi gan ba fath o ffactor er mwyn gallu defnyddio amddiffyniad gorffwylledd?
10. Beth yw prawf Graham, a pham cafodd ei gyflwyno?

Geirfa

actus reus: 'y weithred euog' sy'n angenrheidiol er mwyn cael diffynnydd yn euog o drosedd. Gall fod yn weithred wirfoddol, yn anwaith neu'n sefyllfa.

amddiffyniad arbennig: defnyddio amddiffyniad sydd ddim yn canfod y diffynnydd yn gyfan gwbl ddieuog, ond sy'n caniatáu lleihau dedfryd y diffynnydd.

atebolrwydd caeth: troseddau lle nad oes rhaid i'r erlyniad brofi *mens rea* yn erbyn y diffynnydd.

bwndel o hawliau: mae bwndel o hawliau gan berchennog eiddo dros ei eiddo ei hun, felly mae ganddo'r hawl i wneud unrhyw beth mae'n ei ddymuno ag ef (e.e. ei ddinistrio, ei daflu i ffwrdd neu wneud rhywbeth ar hap â'r eiddo).

cadarnhaodd: penderfynodd; penderfyniad y llys.

camwedd: camwedd sifil sy'n cael ei gyflawni gan un unigolyn yn erbyn un arall, fel anaf a achosir drwy esgeuluster.

cyfraith gyffredin / cyfraith gwlad (a hefyd cyfraith achosion neu gynsail): cyfraith sy'n cael ei datblygu gan farnwyr drwy benderfyniadau yn y llys.

cymal eithrio: ymgais gan un parti mewn contract i eithrio pob atebolrwydd neu i gyfyngu atebolrwydd am achosion o dor-contract.

cytundeb hunanladdiad: amddiffyniad rhannol i lofruddiaeth sydd yn a4 Deddf Lladdiadau 1957. Os yw dau unigolyn wedi gwneud cytundeb i'r ddau ohonyn nhw farw ond bod un yn goroesi, os gall brofi bod y ddau wedi bwriadu marw, gostyngir y cyhuddiad i ddynladdiad gwirfoddol.

dadwneuthuriad: dirymu contract neu drafodyn, er mwyn i'r partïon fynd yn ôl i'r sefyllfa bydden nhw ynddi pe bai'r contract heb ddigwydd o gwbl.

diffynnydd: yr unigolyn sy'n amddiffyn y weithred (e.e. yr unigolyn sydd wedi'i gyhuddo o drosedd).

ditiadwy: y troseddau mwyaf difrifol, sy'n cael eu rhoi ar brawf yn Llys y Goron yn unig.

dynladdiad drwy ddehongliad: pan fydd rhywun yn cael ei ladd oherwydd gweithred droseddol anghyfreithlon a pheryglus.

dynladdiad drwy esgeuluster difrifol: pan fydd rhywun yn cael ei ladd oherwydd esgeuluster sifil.

ecwitïol: bod yn deg.

eiddo anghyffwrdd (*intangible property*): eiddo sydd ddim yn bodoli mewn ystyr materol, fel hawlfraint neu hawliau patent.

eiddo tirol: tir ac adeiladau.

goddrychol: rhagdybiaeth sy'n ymwneud â'r unigolyn dan sylw (sef y goddrych).

gwrthrychol: prawf sy'n ystyried beth byddai rhywun cyffredin, rhesymol arall wedi ei wneud neu ei feddwl o'i roi yn yr un sefyllfa â'r diffynnydd, yn hytrach nag ystyried y diffynnydd ei hun.

hawlydd: yr unigolyn sy'n dwyn yr achos gerbron y llys. Tan fis Ebrill 1999, 'pleintydd' oedd yr enw ar yr unigolyn hwn.

iawndal: dyfarniad ariannol sy'n ceisio digolledu'r parti diniwed am y colledion ariannol y mae wedi'u dioddef o ganlyniad i'r tor-contract.

lladdiad: rhywun yn lladd rhywun arall, yn fwriadol neu beidio.

maleisus: caiff hwn ei ddehongli i olygu 'gyda bwriad neu fyrbwylltra goddrychol'.

mens rea: yr elfen feddyliol, y 'meddwl euog' neu'r elfen o fai mewn trosedd.

peth (neu *chose*) mewn achos: eiddo sydd ddim yn bodoli mewn ystyr materol, ond sy'n rhoi hawliau cyfreithiol gorfodadwy i'r perchennog (e.e. cyfrif banc, buddsoddiadau, cyfranddaliadau ac eiddo deallusol fel hawliau patent).

rhagweladwy: digwyddiadau y dylai'r diffynnydd fod wedi gallu eu rhagweld yn digwydd.

rhwymedi: dyfarndal a wneir gan lys i'r parti diniwed mewn achos sifil i 'unioni'r cam'.

statud (Deddf Seneddol): ffynhonnell deddfwriaeth sylfaenol sy'n dod o gorff deddfwriaethol y DU.

teler: datganiad sy'n cael ei wneud wrth drafod contract y mae bwriad iddo ddod yn rhan o'r contract, gan rwymo'r partïon iddo. 'Telerau' yw mwy nag un teler.

telerau datganedig: telerau contract sy'n cael eu gwneud gan y partïon eu hunain.

telerau ymhlyg: telerau contract sy'n cael eu rhagdybio, naill ai gan gyfraith gwlad neu gan statud.

tor-contract: torri contract drwy beidio â dilyn ei delerau a'i amodau.

troseddau neillffordd: troseddau sy'n gallu cael eu rhoi ar dreial yn llys yr ynadon neu yn Llys y Goron.

ymliwiad: datganiad sy'n cael ei wneud wrth drafod contract, heb fwriad iddo fod yn rhan o'r contract.

Mynegai

Cydnabyddiaeth ffotograffau